Exportando para os Países Africanos de Língua Portuguesa

Exportando para os Países Africanos de Língua Portuguesa

2013

Zilda Mendes

EXPORTANDO PARA OS PAÍSES AFRICANOS DE LÍNGUA PORTUGUESA

AUTORA
Zilda Mendes

EDITOR
EDIÇÕES ALMEDINA, S.A.
Rua Fernandes Tomás, n.ᵒˢ 76, 78 e 79
3000-167 Coimbra
Tel.: 239 851 904 · Fax: 239 851 901
www.almedina.net · editora@almedina.net

REVISÃO
Lucas Kater

DESIGN DE CAPA
FBA.

IMPRESSÃO E ACABAMENTO
DPS – Digital Printing Services, Lda.

Março, 2013

DEPÓSITO LEGAL
356401/13

Apesar do cuidado e rigor colocados na elaboração da presente obra, devem os diplomas legais dela constantes ser sempre objecto de confirmação com as publicações oficiais.

Toda a reprodução desta obra, por fotocópia ou outro qualquer processo, sem prévia autorização escrita do Editor, é ilícita e passível de procedimento judicial contra o infractor

AGRADECIMENTOS

Agradeço a todos que me incentivaram e contribuíram para a concretização deste projeto, em especial ao Sr. Abel Domingos, presidente da Afrochamber – Câmara de Comércio Afro-Brasileira e Sr. Rui Mucaje representante da CPLP da Afrochamber – Câmara de Comércio Afro-Brasileira que sempre me atenderam com presteza, paciência e simpatia.

DEDICATÓRIA

Dedico este livro a todos os afro-descendentes que contribuíram para a formação da cultura e do desenvolvimento econômico do Brasil.

SUMÁRIO

AGRADECIMENTOS	5
DEDICATÓRIA	7
PREFÁCIO	13

INTRODUÇÃO   15

1. PAÍSES AFRICANOS QUE INTEGRAM A CPLP   19
   - **Relações comerciais entre o Brasil e os países africanos da CPLP**   21
     - República de Angola   21
     - República de Cabo Verde   24
     - República da Guiné-Bissau   26
     - República de Moçambique   29
     - República Democrática de São Tomé e Príncipe   31

2. O BRASIL, OS PAÍSES AFRICANOS DA CPLP E OS ORGANISMOS INTERNACIONAIS   35
   - **Organismos internacionais**   39
     - I. FMI e o Banco Mundial   39
     - II. CCI – Câmara de Comércio Internacional   45
     - III. OMC – Organização Mundial do Comércio   46
     - IV. ONU/UNCTAD – Organização das Nações Unidas   47
     - V. OPEP – Organização dos Países Exportadores de Petróleo   48
     - VI. OMA – Organização Mundial de Aduanas   48

3. INTEGRAÇÃO REGIONAL E AS RELAÇÕES COMERCIAIS ENTRE O BRASIL E A ÁFRICA PORTUGUESA   49
   - **Blocos econômicos**   52
     - I. AF – Africa Union/UA – União Africana   53

II. CEEAC – Communauté Economique Des Etats de L'Afrique Centrale/Comunidade Econômica dos Estados da África Central … 53
III. ECOWAS – Economic Community of West African States/ CEDEAO – Comunidade Econômica dos Estados da África Ocidental … 54
IV. SADC – Southern Africa Development Community/ Comunidade para o Desenvolvimento da África Austral … 54
V. ALADI – Asociación Latinoamericana de Integración/Associação Latino-Americana de Desenvolvimento e Integração … 54
VI. MERCOSUR – Mercado Común del Sur/MERCOSUL – Mercado Comum do Sul … 55
VII. UNASUL – Unión de Naciones Suramericanas/União das Nações Sul-Americanas … 56
Agrupamentos de países … 56
  I. G77 … 56
  II. Grupo de Cairns … 57
  III. BRICS … 57
  IV. G20 … 57

4. OBSERVANDO E ANALISANDO AS OPORTUNIDADES NOS NOVOS MERCADOS … 59
  Internacionalização de empresas … 62

5. SISTEMÁTICA DE EXPORTAÇÃO DE BENS E SERVIÇOS … 65
  Habilitações para exportar … 65
  Mercadorias e serviços … 67
    Classificação fiscal de mercadorias e Serviços … 67
    Documentos exigíveis nas operações de comércio exterior … 69
  O composto de marketing nas exportações … 76
    I. Mercadoria e serviços … 77
    II. Política de preços … 79
    III. Canais de distribuição … 95
      Cooperativas: uma saída para exportar artesanato … 97
      Consórcios de exportação: mais uma saída para exportar artesanato … 99
    IV. Comunicação … 100
  Procedimentos para exportar … 102
    Exportação com cobertura cambial … 102
    Exportação sem cobertura cambial … 105

    Exportação em consignação   105
    Exportação com margem não sacada ou sem retenção cambial   106
    Despacho aduaneiro de exportação   108
    Regimes aduaneiros especiais para a exportação   111

6. SISTEMÁTICA DE CÂMBIO   117

7. GESTÃO SUSTENTÁVEL NAS EXPORTAÇÕES   131

8. REFERÊNCIAS   135

9. DOCUMENTOS E NOTÍCIAS DIVULGADAS PELA MÍDIA   137

10. VÍDEOS   141

11. SIGLAS   143

12. SITES PARA CONSULTA   149

PREFÁCIO

As relações comerciais internacionais são fortalecidas pelas oportunidades mesmo em tempos de crise. O conceito que temos sobre globalização se altera na medida em que as mudanças globais são mais constantes e situações de crise demoram mais a passar. Nesse cenário, o consumidor muda seus hábitos e o seu mercado de acesso passa a ser o mundo. Nesse jogo, o empresário precisa se preparar e adequar suas estratégias participando com seus negócios não só no mercado doméstico, mas também no mercado internacional.

As transações comerciais de forma mais intensa não acontecem mais apenas entre os países de destaque econômico no mundo, chamados de potências. Temos visto mercados emergentes se destacarem no cenário internacional e se oferecerem como grande fonte de oportunidades globais. Oportunidades que se consolidam em meio à queda de consumo na Europa que sofre com a crise, além da constatação de que fortes bancos americanos enfrentam problemas. Além disso, a China, com toda sua representatividade em termos de mercado, adota medidas internas para alavancar o consumo em 2012.

Panorama que fortalece a busca de saídas para crises, mas que se apresenta e se abre para novas oportunidades e, no jogo do comércio internacional, as oportunidades podem estar em mercados ainda não tão explorados.

O desenvolvimento de estratégias de atuação no cenário internacional requer habilidade, conhecimento e capacidade de decisão com base em fatos e análise de informações. Em meio a tantas notícias de crise, países em desenvolvimento, ao se destacarem, ampliam as oportunidades de negócios com chances reais de lucratividade.

A Professora Zilda Mendes, especialista em comércio internacional com quem tenho tido a honra de trabalhar nos últimos 10 anos, aproveita sua bagagem profissional e as diversas viagens que fez pelo mundo para mostrar, de maneira clara e objetiva, os aspectos relevantes sobre o continente africano. Com enorme conhecimento prático sobre as relações internacionais e bagagem histórica indiscutível, apresenta informações e valores de Angola, Moçambique, Guiné-Bissau, Cabo Verde e São Tomé e Príncipe, levando o leitor a refletir sobre as possibilidades de negócios nesses países.

Neste livro, ao conhecer as características de cada país africano de língua portuguesa, é possível refletir sobre as possibilidades de negócios em países que estão se desenvolvendo e, por isso, têm suas necessidades de consumo, o que contribui para o fortalecimento de novos negócios globais. Se considerarmos que a abertura do comércio internacional e a busca pela integração regional têm sido temas de pautas importantes, o exportador brasileiro pode se fortalecer ao perceber que esses temas podem abrir as portas de acesso a mercados que, embora emergentes, não são menos importantes quando se trata de oportunidades de aumentar lucratividade.

Trata-se de uma obra essencial para a formação de profissionais de comércio internacional e negociadores, e também para exportadores e importadores brasileiros. Este livro tem como essência demonstrar que as fronteiras dos negócios no exterior são amplas e, portanto, conhecer esses países pode levar, por exemplo, um exportador a aceitar que uma mudança de estratégia para desenvolver seus negócios pode trazer resultados que permitam a essa empresa nadar durante um bom tempo em um oceano azul sem a interferência de concorrentes.

É uma obra que fortalece a compreensão sobre culturas emergentes que, de alguma maneira, se apresentam para o complexo e competitivo cenário global. Estou convencido de que esta obra é fonte inspiradora para se olhar com outros olhos o cenário internacional e para se observar as reais oportunidades de internacionalização dos negócios.

MARCO ANTONIO DA SILVA
Administrador e especialista em comércio internacional
Diretor de Negócios na Comex Online Ltda.
Professor Universitário e consultor de negócios internacionais

Introdução

Os jornais noticiam. As entidades de classe reclamam. Os números apresentados referentes à participação do Brasil no mercado internacional comprovam o baixo desempenho das exportações brasileiras nos mercados tradicionais. Diversos são os motivos que levam as empresas exportadoras brasileiras a terem dificuldade de colocar seus produtos no exterior, principalmente nos mercados europeu, norte-americano e em parte no continente asiático. A valorização do real frente ao dólar dos Estados Unidos, ao euro e ao iene e as barreiras comerciais, entre elas as barreiras técnicas e sanitárias impostas pelos países desenvolvidos, levam ao desestímulo dos empresários de atuar no mercado internacional.

Um dos últimos benefícios que os produtos brasileiros desfrutam para acessar outros mercados, o SGP – Sistema Geral de Preferências, provavelmente não será renovado pelos países da União Europeia e pelos Estados Unidos, com a alegação de que o Brasil não necessita mais de incentivos para o seu desenvolvimento econômico, pois já tem mostrado capacidade suficiente para caminhar com suas próprias pernas. Muito provavelmente, o Japão adotará a mesma medida.

A União Europeia já acena com a retirada deste benefício que consiste em dar preferência tarifária para a importação de determinados produtos de origem brasileira. Os Estados Unidos, há pelo menos dois anos, relutam em renovar este acordo e tudo leva a crer que decididamente este benefício em algum momento não será mais renovado. É como digo para meus alunos: como é que um país que exporta aviões, que é um dos maiores produtores e exportadores de soja do mundo, que utiliza tecnologia de ponta na produção de aço e se destaca em diversos outros setores, como o calçadista, o de móveis e o de papel, ainda quer ser visto como um país subdesenvolvido, do "terceiro mundo", como nos anos 1970?

E então? Vamos parar com as exportações ou vamos procurar outros mercados?

Desde os anos 1990, falo aos meus alunos e empresas onde presto consultoria sobre dois pontos: o primeiro é a sustentabilidade, a mudança do comportamento do consumidor e a necessidade de produzir sem causar impactos no meio ambiente; e o outro ponto é que observem atentamente o mercado africano. É lá que o Brasil deverá investir e manter relações comerciais mais intensas, pois o futuro das relações comerciais do Brasil está lá.

Além das questões que envolvem a produção e o desenvolvimento sustentáveis, minha insistência em buscarmos negócios com a África se justifica pelas mudanças ocorridas naquele continente nas últimas décadas. É um continente em movimento, rico em diversos sentidos e com uma população ávida e carente de acesso ao que a globalização tem de bom a oferecer a todos. A ausência do Brasil no continente africano permite a presença de outros países, principalmente dos asiáticos, o que já vem ocorrendo de forma bastante significativa.

Como se trata de um continente formado por 54 países, sugiro ainda que olhem com muita atenção para aqueles que fazem parte da CPLP – Comunidade dos Países de Língua Portuguesa, pois, tendo o mesmo idioma do Brasil, uma das barreiras, a da comunicação já está abolida.

O Brasil tem muito a oferecer e a receber destes países, mas, por falta de informação, o empresariado brasileiro ainda reluta em negociar com eles, temendo as dificuldades e riscos comerciais e políticos que em tempos passados eram motivos para nos mantermos afastados daquele continente.

Hoje, o cenário é outro, se observarmos a atuação, o interesse e o crescimento destes países, podem-se vislumbrar grandes oportunidades de negócios. Muitas empresas brasileiras já atuam em **Angola** e **Moçambique** nas áreas da construção civil, de prestação de consultoria contábil, informática, educação geral e em diversos outros segmentos. Pretendo com este livro mostrar as possibilidades e a prática do comércio internacional no mercado africano de língua portuguesa, tendo como base a política externa brasileira que, de alguma forma, tem buscado incrementar o aumento de nossas exportações.

Fica por conta de o empresariado brasileiro analisar as oportunidades e os riscos que estes países oferecem e decidir se deve ou não atuar nestes novos mercados, lembrando sempre que as oportunidades podem passar e, se não aproveitarem, outros aproveitarão. Quanto aos riscos, estes sempre existiram e continuarão existindo, seja negociando no mercado interno ou externo, com países desenvolvidos, em desenvolvimento, emergentes ou qualquer outra categoria com a qual se queira classificar uma nação. O importante é manter-se informado e buscar alternativas para se proteger e diminuir esses riscos.

1.
Países africanos que integram a CPLP

Como já exposto na introdução, o propósito deste livro é apresentar ao leitor os conhecimentos necessários para se fazer negócios no exterior, sobretudo com os países africanos que têm como idioma oficial a língua portuguesa. Mas, para que possamos entender cada um dos temas que serão apresentados e a sua importância nos processos para a exportação de bens e serviços, é preciso conhecer algumas características destes mercados, características estas que nos possibilitarão refletir sobre as oportunidades e riscos que estes mercados podem nos oferecer.

Antes de discorrer sobre cada um destes países, serão apresentados alguns dados sobre a **CPLP – Comunidade dos Países de Língua Portuguesa**, pois a partir da criação desta instituição pôde-se observar que as relações internacionais entre os países que a integram, sejam de caráter diplomático, comercial e qualquer outro, se intensificaram possibilitando um maior conhecimento e integração entre seus governos e seus povos.

A criação da Comunidade dos Países de Língua Portuguesa teve seus primeiros movimentos em novembro de 1989, durante um encontro dos Chefes de Estado e de Governo de Angola, Brasil, Cabo Verde, Guiné--Bissau, Moçambique, Portugal e São Tomé e Príncipe. Esse encontro ocorreu na cidade de São Luís, no estado do Maranhão, no Brasil, a convite do ex-presidente José Sarney. Segundo consta nos documentos que registram este encontro, *"a ideia da criação de uma Comunidade reunindo os países de língua portuguesa – nações irmanadas por uma herança histórica, pelo idioma comum e por uma visão compartilhada do desenvolvimento e da democracia"* já havia sido anunciado em outras ocasiões. A partir dessa primeira reunião, outros encontros e trabalhos para a constituição da CPLP foram realizados até que em 17 de Julho de 1996, em Lisboa, realizou-se a I Reunião de Cúpula entre os Chefes de Estado e de Governo, que estabeleceu a sua criação definindo-a como sendo *"o foro multilateral privilegiado para o aprofundamento da amizade mútua, da concertação político-diplomática e da cooperação entre os seus membros".* Após conquistar sua independência em maio de 2002, o Timor-Leste passou a ser o oitavo país a integrar a Comunidade dos Países de Língua Portuguesa.

Serão reproduzidos abaixo os princípios básicos e os objetivos da CPLP, que constam em seus estatutos aprovados na I Reunião de Cúpula e refletem os ideais de seus criadores, permitindo entender as diversas ações adotadas pelos países que a integram com vistas ao aperfeiçoamento de suas relações cooperativas nos campos cultural, econômico, jurídico, social, técnico-científico e interparlamentar. Os princípios básicos da Comunidade dos Países de Língua Portuguesa são:

- Igualdade soberana dos Estados-membros;
- Não-ingerência nos assuntos internos de cada estado;
- Respeito pela sua identidade nacional;
- Reciprocidade de tratamento;
- Primado da paz, da democracia, do estado de direito, dos direitos humanos e da justiça social;
- Respeito pela sua integridade territorial;
- Promoção do desenvolvimento;
- Promoção da cooperação mutuamente vantajosa.

Os objetivos gerais da Comunidade dos Países de Língua Portuguesa são:

- A concertação político-diplomática entre seus Estados-membros, nomeadamente para o reforço da sua presença no cenário internacional;
- A cooperação em todos os domínios, inclusive os da educação, saúde, ciência e tecnologia, defesa, agricultura, administração pública, comunicações, justiça, segurança pública, cultura, desporto e comunicação social;
- A materialização de projetos de promoção e difusão da língua portuguesa.

Com sua sede em Portugal e com o compromisso do governo português de propiciar todas as facilidades necessárias para o funcionamento da instituição, os países que integram a CPLP têm assinado inúmeros acordos, convênios e protocolos em diversas áreas. Como exemplo destes atos internacionais, destaca-se a "Convenção de Cooperação Técnica entre as Administrações Aduaneiras dos Países de Língua Oficial Portuguesa", assinado por todos os membros, exceto por Timor-Leste, em 26 de setembro de 1986 na cidade de Luanda, Angola.

Em linhas gerais, este acordo prevê a cooperação técnica nas áreas de relações aduaneiras internacionais, na nomenclatura e gestão pautal, nos regimes aduaneiros, nas questões de origem e valor e nas informações sobre serviços aduaneiros. A cooperação entre seus membros se dará pela promoção de cursos de formação, estágios e seminários, pela elaboração de planos, estudos e pareceres, pelo envio de técnicos aduaneiros como consultores, instrutores, estagiários e especialistas, pelo intercâmbio de publicações e informações sobre as questões aduaneiras ou por qualquer outro instrumento considerado adequado.

RELAÇÕES COMERCIAIS ENTRE O BRASIL E OS PAÍSES AFRICANOS DA CPLP

As notícias sobre o comércio entre os países africanos da CPLP e o Brasil ainda não são muito frequentes. Em geral, as notícias são sobre Angola, que é o principal parceiro comercial do Brasil naquele continente. Mas, analisando os números da balança comercial do Brasil e desses países, é possível observar o crescimento do comércio e negócios entre essas nações. A seguir, serão apresentados alguns dados importantes para a avaliação das oportunidades de negócios e a elaboração de planejamentos estratégicos para exportar.

No decorrer deste livro, serão informados outros dados sobre cada um dos países relacionados aos assuntos tratados, pois entendo que dessa forma se facilita a compreensão e apreensão do que está sendo apresentado.

República de Angola

A República de Angola é composta por 18 províncias, tendo como capital a cidade de Luanda. O idioma oficial é o português, porém diversos dialetos são falados pela população angolana, como o kikongo, kimbundo, tchokwe, umbundo, mbunda, nhaneca, fiote e nganguela. Terra rica em recursos minerais, pode-se encontrar em seus subsolos petróleo, gás natural, diamantes, fosfatos, ferro, cobre e ouro, entre outros minerais não menos valiosos. Os dados mais recentes sobre os principais índices de Angola divulgados pelo Banco Mundial, em maio de 2012 são:

Angola	Ano 2010
População total (milhões)	19.1
Crescimento da população (% anual)	2.8
PIB (US$) (bilhões)	84.9
PIB per capita (US$)	4.451
PIB crescimento (% anual)	5.9
Expectativa de vida, total (anos)	50.7
Mortalidade infantil (por 1000 nascidos vivos)	97.9

Fonte: World Development Indicators – maio/2012.

A publicação "Angola – Estudo de Oportunidades 2010" divulgada pela ApexBrasil – Agência Brasileira de Promoção de Exportação e Investimentos aponta as oportunidades para consolidar ou desenvolver as exportações brasileiras de diversos produtos como os dos setores de confecção, têxteis, máquinas e equipamentos, alimentos, transportes e siderurgia. Este estudo rico em detalhes nos dá uma visão perfeita não só sobre as oportunidades de negócios, mas também sobre o país e as relações estabelecidas com o Brasil.

Em palestra realizada em agosto de 2011 pela Afrochamber, intitulada "Relações Comerciais Brasil-Angola", foram apresentadas informações sobre as demandas no mercado angolano por serviços em diversas áreas, como na de educação. Informações sobre um movimento muito grande de instalação de estabelecimentos comerciais no país também foram apontadas, bem como que Benguela, onde fica o porto de Lobito, apresenta grande potencial para a instalação de indústrias, atividades pesqueiras e turismo e que a cidade de Huambo apresenta muitas possibilidades no setor agrícola, na indústria calçadista e laticínios.

O Brasil sempre teve boas relações com Angola, sendo o primeiro país a reconhecer sua independência, e percebe-se que o interesse em manter essas relações de amizade e confiança tem se intensificado a cada dia.

Os resultados da balança comercial entre Angola e Brasil nos anos 2009, 2010 e 2011 apresentados pelo Ministério do Desenvolvimento, Indústria e Comércio Exterior – MDIC foram os seguintes:

Ano	Exportações para Angola USD FOB	Importações de Angola USD FOB	Saldo da Balança Comercial Brasil-Angola USD FOB
2009	1.333.008.513	137.760.201	1.195.248.312
2010	947.119.243	494.454.461	452.664.782
2011	1.073.706.755	438.078.678	635.628.077

Fonte: MDIC – abril/2012.

Os principais produtos brasileiros exportados para Angola em 2011 foram:

Seq.	NCM	Descrição	Valor USD FOB	Part. %
		Total Geral	1.073.706.755	100
1	17019900	Outs. açúcares de cana, beterraba, sacarose quim. pura, sol.	136.583.842	12,72
2	02071200	Carnes de galos/galinhas, n/cortadas em pedaços, congel.	85.431.729	7,96
3	02071400	Pedaços e miudezas, comest. de galos/galinhas, congelados	71.854.769	6,69
4	02032900	Outras carnes de suínos, congeladas	61.904.907	5,77
5	11022000	Farinha de milho	44.589.389	4,15
6	16010000	Enchidos de carne, miudezas, sangue, suas prepars. aliments.	28.677.253	2,67
7	02102000	Carnes de bovinos, salgadas/em salmoura/secas/defumadas	25.612.696	2,39
8	02023000	Carnes desossadas de bovino, congeladas	19.003.908	1,77
9	94036000	Outros móveis de madeira	18.744.285	1,75
10	02072700	Carnes de peruas/perus, em pedaços e miudezas, congeladas	15.538.863	1,45

Fonte: MDIC – abril/2012.

Segundo o Banco Nacional de Angola, em 2006, o Brasil estava entre os maiores fornecedores do país, ocupando o terceiro lugar, sendo ultrapassado somente por Portugal, que ocupava o primeiro lugar, e China, que ocupava o segundo. Já as estatísticas referentes ao ano de 2010 mostravam que o Brasil, que chegou a ser o terceiro maior fornecedor para Angola, perdeu a posição e passou a ocupar o sétimo posto. Portugal continuava liderando, seguido da Holanda, China, Estados Unidos, Bélgica e Reino Unido.

Análises econômicas, como as divulgadas pelas publicações da Perspectivas Económicas na África (2012) informam que, embora a economia de Angola ainda seja muito dependente do setor petrolífero, com suas frequentes crises, e de investimentos públicos, as perspectivas de crescimento são promissoras, considerando os movimentos que incentivam o setor privado a investir em projetos de desenvolvimento econômico e social do país.

República de Cabo Verde

A República de Cabo Verde é um arquipélago composto pelas ilhas de Santo Antão, São Vicente, Santa Luzia, São Nicolau, Sal, Boa Vista, Maio, Santiago, Fogo e Brava e pelos ilhéus e ilhotas. Sua capital é a cidade de Praia, situada na ilha de Santiago. O idioma oficial é o português, mas todos os cidadãos também aprendem e usam o idioma crioulo cabo-verdiano que é a língua materna do arquipélago e está em vias de se tornar a segunda língua oficial. Os dados mais recentes sobre os principais índices de Cabo Verde divulgados pelo Banco Mundial, em maio de 2012 são:

Cabo Verde	Ano 2010
População total (milhões)	0.5
Crescimento da população (% anual)	0.9
PIB (US$) (bilhões)	1.6
PIB per capita (US$)	3.323
PIB crescimento (% anual)	5.4
Expectativa de vida total (anos)	73.8
Mortalidade infantil (por 1000 nascidos vivos)	29.2

Fonte: World Development Indicators – maio/2012.

A base de sua economia é a agricultura e as principais culturas são café, banana, cana-de-açúcar, milho, feijões, batata doce e mandioca. A pesca também representa uma importante fonte de recursos para Cabo Verde, sendo que as conservas de peixe, peixe congelado e lagostas, juntamente com a banana são seus principais produtos de exportação. Pode-se acrescentar a esta lista de produtos para exportação, o sal e artigos de confecção.

No setor industrial destacam-se a fabricação de aguardente, vestuário, calçados, tintas e vernizes. O artesanato e o turismo também são importantes fontes de renda do país, mas o turismo receptivo tem se mostrado limitado devido à necessidade de investimentos para a construção de hotéis, estradas, portos, aeroportos, ou seja, de infraestrutura para receber os turistas. Em parte, esses investimentos já estão sendo feitos com a implantação de diversos programas governamentais para atender a essas necessidades.

Os resultados da balança comercial entre Cabo Verde e Brasil nos anos 2009, 2010 e 2011 apresentados pelo Ministério do Desenvolvimento, Indústria e Comércio Exterior – MDIC foram os seguintes:

Ano	Exportações para Cabo Verde USD FOB	Importações de Cabo Verde USD FOB	Saldo da Balança Comercial Brasil- -Cabo Verde – USD FOB
2009	29.629.023	28.875	29.600.148
2010	27.259.417	48.946	27.210.471
2011	32.269.456	7.849	32.261.607

Fonte: MDIC – abril/2012.

Os principais produtos brasileiros exportados para Cabo Verde em 2011 foram os seguintes:

Seq.	NCM	Descrição	Valor USD FOB	Part. %
		Total Geral	32.269.456	100
1	17019900	Outs. açúcares de cana,beterraba, sacarose quim. pura,sol.	7.929.654	24,57
2	72142000	Barras de ferro/aço, lamin. quente, dentadas, etc	5.727.173	17,75
3	02023000	Carnes desossadas de bovino,congeladas	2.180.672	6,76
4	09011110	Café não torrado,não descafeinado, em grão	1.630.487	5,05
5	02071400	Pedaços e miudezas, comest. de galos/galinhas, congelados	1.090.102	3,38
6	21069029	Pós p/prepars de cremes, sorvetes, gelatinas, flans, etc	939.949	2,91
7	64022000	Calçados de borracha/plast.c/parte super.em tiras, etc.	681.750	2,11
8	73211100	Aparelhos p/cozinhar/aquecer, de ferro, etc. combustiv. gas	671.801	2,08
9	10063021	Arroz semibranqueado, etc. n/parabolizado, polido, brunido	670.050	2,08
10	15171000	Margarina, exceto a margarina líquida	568.529	1,76

Fonte: MDIC – abril/2012.

Os resultados da balança comercial referentes ao primeiro trimestre de 2012, divulgados pelo Instituto Nacional de Estatística de Cabo Verde, indicavam Portugal como o seu principal fornecedor, seguido pela Espanha e pelos Países Baixos. O Brasil ocupava a quarta colocação e demonstrava um pequeno crescimento de suas exportações, comparado ao mesmo período do ano anterior, ou seja, no primeiro trimestre de 2012, as importações do Brasil representavam 4,7% do total contra 4,2% do mesmo período de 2011. Dos países que exportam para Cabo Verde, a China, a Espanha e a Bélgica são os que registraram um crescimento maior, comparando os dois períodos, a saber: a China teve um crescimento de 88,9%, a Espanha de 17,3% e a Bélgica de 13,3%.

O Programa de Investimentos Públicos – PIP adotado pelo governo cabo-verdiano prevê investimentos em infraestrutura, a melhoria do ambiente de negócios, estratégias de *marketing* e certificações e, para lograr êxito nessas ações, o país conta com investimentos diretos vindos do exterior para diversos setores. Como exemplo das ações promovidas pelo governo em parceria com o setor privado, pode-se citar os investimentos em projetos de geração de energias renováveis para a instalação de parques eólicos nas ilhas de Sal, Boavista, Santiago e de São Vicente, considerado o primeiro projeto feito por uma PPP – Parceria Público-Privada na África subsaariana.

República da Guiné-Bissau
A República da Guiné-Bissau é formada pelas regiões Bafatá, Biombo, Bolama, Cacheu, Gabu, Oio, Quinara e Tombali e um setor autônomo, Bissau, que é a capital do país. O arquipélago de Bijagós, formado por cerca de oitenta ilhas também pertence ao país. A língua oficial é o português, mas também são usados diversos idiomas regionais, como o crioulo guineense, o mandjaco e o mandinga. Os dados mais recentes sobre os principais índices de Guiné-Bissau divulgados pelo Banco Mundial, em maio de 2012 são:

Guiné-Bissau	Ano 2010
População total (milhões)	1.5
Crescimento da população (% anual)	2.1
PIB (US$) (bilhões)	0.9
PIB per capita (US$)	580
PIB crescimento (% anual)	3.5
Expectativa de vida, total (anos)	47.7
Mortalidade infantil (por 1000 nascidos vivos)	92.0

Fonte: World Development Indicators – maio/2012.

A base de sua economia está na agricultura e na pesca. Sua principal cultura é a castanha de caju, estando entre os dez maiores produtores do mundo, segundo os relatórios da FAO. Peixes, mariscos, amendoim, semente de palma são os seus principais produtos de exportação. O país busca também aumentar suas receitas com investimentos no setor de turismo, mas a instabilidade política é a sua maior ameaça para que o país consiga manter um desenvolvimento sustentável.

Um dos fatos que geraram instabilidade política no país foi o golpe de Estado, ocorrido em 12 de abril de 2012, às vésperas do início de campanhas que trariam de volta as eleições presidenciais em Guiné-Bissau. Certamente, estes conflitos impedem que o país se desenvolva economicamente, uma vez que as negociações internacionais tornam-se praticamente impossíveis. A orientação que se pode dar aos empresários que pretendem exportar é que sempre estejam atentos aos acontecimentos, sejam eles de qualquer natureza, nos países-alvo para seus negócios internacionais e busquem informações para que sejam avaliados os riscos e as oportunidades de negócios que ali possam existir.

Os resultados da balança comercial entre Guiné-Bissau e Brasil nos anos 2009, 2010 e 2011 apresentados pelo Ministério do Desenvolvimento, Indústria e Comércio Exterior – MDIC foram os seguintes:

Ano	Exportações para Guiné-Bissau USD FOB	Importações de Guiné-Bissau USD FOB	Saldo da Balança Comercial Brasil--Guiné-Bissau – USD FOB
2009	11.661.225	33.636	11.627.589
2010	14.756.202	-	14.756.202
2011	8.809.162	12.398.093	- 3.588.931

Fonte: MDIC – abril/2012.

Os principais produtos brasileiros exportados para Guiné-Bissau em 2011 foram:

Seq.	NCM	Descrição	Valor USD FOB	Part. %
		Total Geral	8.809.162	100
1	17019900	Outs. açúcares de cana, beterraba, sacarose quim. pura, sol.	6.288.627	71,39
2	10064000	Arroz quebrado (trinca de arroz)	805.210	9,14
3	19011020	Farinha láctea, para alimentação de crianças	549.637	6,24
4	16023200	Preparações alimentícias e conservas, de galos, galinhas	216.729	2,46
5	02071200	Carnes de galos/galinhas, n/cortadas em pedaços, congel.	187.468	2,13
6	17041000	Gomas de mascar, sem cacau, mesmo revestidas de açúcar	185.064	2,10
7	19011090	Outras preparações para alimentação de crianças	113.050	1,28
8	94036000	Outros móveis de madeira	105.933	1,20
9	02071400	Pedaços e miudezas, comest. de galos/galinhas, congelados	101.419	1,15
10	15171000	Margarina, exceto a margarina líquida	48.445	0,55

Fonte: MDIC – abril/2012.

Entre os países africanos da CPLP, talvez a Guiné-Bissau seja o que mais precisa adotar reformas na administração pública a fim de permitir que o país consiga entrar em um ritmo de desenvolvimento econômico e social sustentável. Investimentos maciços nos setores agrícolas, de infraestruturas de base, transporte, energia e exploração de seus recursos minerais são necessários para tirar o país da lista dos dependentes da agricultura de subsistência e da ajuda externa.

A análise feita pela Perspectivas Económicas da África (2012) dizia que, em 2010, *"os principais parceiros emergentes da Guiné-Bissau são a China, o Brasil e a Índia. A China tem estado envolvida no país principalmente através da cooperação bilateral e de grandes projectos de infraestruturas, enquanto a Índia tem tradicionalmente mantido fortes laços comerciais no sector da castanha de caju e só recentemente começou a intensificar a sua cooperação bilateral. O Brasil tem vindo a suportar projectos no domínio do reforço de capacidades no sector da educação e começa a tornar-se um importante parceiro comercial."* Portanto, independentemente da atual situação política de Guiné-Bissau, oportunidades de negócios sempre estarão presentes naquele país.

República de Moçambique

A República de Moçambique é formada pelas províncias de Niassa, Cabo Delgado, Nampula, Zambézia, Tetê, Manica, Sofala, Inhambane, Gaza, Maputo e a Cidade de Maputo, capital do país. O idioma oficial é o português, mas como nos outros países africanos que fazem parte da CPLP, outras línguas são faladas no território moçambicano como o Lomué, Makondé, Shona, Tsonga e Chicheua, entre outras. Os dados mais recentes sobre os principais índices de Moçambique divulgados pelo Banco Mundial, em maio de 2012 são:

Moçambique	Ano 2010
População total (milhões)	23.4
Crescimento da população (% anual)	2.3
PIB (US$) (bilhões)	9.6
PIB per capita (US$)	410
PIB crescimento (% anual)	7.2
Expectativa de vida, total (anos)	49.7
Mortalidade infantil (por 1000 nascidos vivos)	92.2

Fonte: World Development Indicators – maio/2012.

Sua economia tem como base a agricultura e a pesca, sendo que a maior parte da produção se destina à subsistência dos habitantes de Moçambique. Entre os produtos exportados pelo país estão o camarão, o caju, a cana-de-açúcar, o algodão, o sisal, o chá e o tabaco. Embora possua um solo rico em recursos minerais, como ouro, carvão, grafite e bauxita, mármore e gás natural, pouco se investe na exploração desses recursos. Observa-se também a extração de madeiras de suas florestas. Seu parque industrial é pouco desenvolvido, concentrando suas atividades na fabricação de tabaco e bebidas. Há um movimento do governo moçambicano para dotar o país de infraestrutura em setores como os de energia elétrica, vias de acesso entre suas cidades e ferrovias que ligam Moçambique aos países vizinhos como forma de atrair investidores estrangeiros ao país.

Os resultados da balança comercial entre Moçambique e Brasil nos anos 2009, 2010 e 2011 apresentados pelo Ministério do Desenvolvimento, Indústria e Comércio Exterior – MDIC foram os seguintes:

Ano	Exportações para Moçambique USD FOB	Importações de Moçambique USD FOB	Saldo da Balança Comercial Brasil-Moçambique – USD FOB
2009	108.118.396	2.122.484	105.995.912
2010	40.377.825	2.002.508	38.375.317
2011	81.183.579	4.094.377	77.089.202

Fonte: MDIC – abril/2012.

Os principais produtos exportados para Moçambique em 2011 foram:

Seq.	NCM	Descrição	Valor USD FOB	Part. %
		Total Geral	81.183.579	100
1	10019090	Trigo (ext. trigo duro ou p/semeadura), e trigo c/centeio	12.145.655	14,96
2	02071200	Carnes de galos/galinhas, n/cortadas em pedaços, congel.	9.407.110	11,59
3	15071000	Óleo de soja, em bruto, mesmo degomado	6.550.868	8,07
4	86021000	Locomotivas diesel-elétricas	5.505.049	6,78
5	23040090	Bagaços e outs. resíduos sólidos, da extr. do óleo de soja	4.975.192	6,13
6	40119420	Outs. pneus novos, p/veics. constr. aro>=1143mm	4.273.885	5,26
7	87163900	Outros reboques e semi-reboques p/transp. de mercadorias	2.220.641	2,74
8	84291190	Outros "bulldozers" e "angledozers", de lagartas	2.003.445	2,47
9	69089000	Outros ladrilhos, etc. de cerâmica, vidrados, esmaltados	1.654.742	2,04
10	84729010	Distribuidores Automat. Papel-Moeda, incl. efet. outs. oper.	1.381.731	1,70

Fonte: MDIC – abril/2012.

Uma notícia veiculada em março de 2012 pelo jornal virtual @verdade informava que as importações moçambicanas tiveram um aumento de 5% no ano de 2011 em relação ao ano anterior, e que 40,40% do total importado eram originárias dos países da SADC, sendo que a África do Sul era o principal país fornecedor participando com 92,37% e os demais países do bloco com os 7,63% restantes. Essa importante participação do comércio entre esses países se deve ao fato de que eles mantêm acordos de preferência tarifária. Informava-se ainda que *"a Autoridade Tributária de Moçambique indica, por outro lado, que das mercadorias mais importadas ao abrigo do tratamento preferencial constam produtos como material de construção, óleos de petróleo, embalagens, betume de petróleo, contadores de electricidade, pneumáticos de borracha, gás de petróleo, ovos para incubação, preparações para caldos e sopas, caixas de papel ou cartão e misturas de sumos".*

As informações fornecidas pela Perspectivas Econômica da África (2012) apontam que Brasil, China e Índia são parceiros que participam do desenvolvimento econômico de Moçambique financiando diversos projetos, em especial os voltados para o setor agrícola. Porém, são necessários investimentos voltados também para a produção local e não somente para a produtividade das indústrias extrativas.

República Democrática de São Tomé e Príncipe

A República Democrática de São Tomé e Príncipe é formada por duas ilhas principais: São Tomé e Príncipe, sendo São Tomé a capital do país. O idioma oficial do país é o português, falado pela maioria da população. Em algumas localidades, parte dos habitantes fala o idioma crioulo. Os dados mais recentes sobre os principais índices de São Tomé e Príncipe divulgados pelo Banco Mundial, em maio de 2012 são:

São Tomé e Príncipe	Ano 2010
População total (milhões)	0.2
Crescimento da população (% anual)	1.8
PIB (US$) (bilhões)	0.2
PIB per capita (US$)	1.193
PIB crescimento (% anual)	4.5
Expectativa de vida, total (anos)	64.3
Mortalidade infantil (por 1000 nascidos vivos)	53.1

Fonte: World Development Indicators – maio/2012.

Suas principais atividades econômicas são no setor agrícola, com a produção de cacau, óleo de palma, café e coco, e também nas atividades pesqueiras. A recente descoberta de jazidas de petróleo em suas águas aponta para um futuro promissor no quesito geração de energia. Nota-se ainda um crescente interesse em preservar as belezas naturais de suas ilhas a fim de atrair turistas que certamente contribuirão para a geração de renda no país.

Os resultados da balança comercial entre São Tomé e Príncipe e Brasil nos anos 2009, 2010 e 2011 apresentados pelo Ministério do Desenvolvimento, Indústria e Comércio Exterior – MDIC foram os seguintes:

Ano	Exportações para S. Tomé e Príncipe – USD FOB	Importações de S. Tomé e Príncipe – USD FOB	Saldo da Balança Comercial Brasil-S. Tomé e Príncipe – USD FOB
2009	5.719.680	–	–
2010	956.972	–	–
2011	960.210	1.915	958.295

Fonte: MDIC – abril/2012.

Os principais produtos brasileiros exportados para São Tomé e Príncipe em 2011 foram:

Seq.	NCM	Descrição	Valor USD FOB	Part. %
		Total Geral	960.210	100
1	16025000	Preparações alimentícias e conservas, de bovinos	186.974	19,47
2	17019900	Outs. açúcares de cana, beterraba, sacarose quim. pura, sol.	172.593	17,97
3	17049090	Outros produtos de confeitaria, sem cacau	107.878	11,23
4	94036000	Outros móveis de madeira	83.147	8,66
5	39219019	Outras chapas, etc. de outras plásticos, estratificadas	52.072	5,42
6	02071400	Pedaços e miudezas, comest. de galos/galinhas, congelados	49.753	5,18
7	69089000	Outros ladrilhos, etc. de cerâmica, vidrados, esmaltados	42.107	4,39
8	16023200	Preparações alimentícias e conservas, de galos, galinhas	39.276	4,09
9	64029990	Outs. calç. cobr. tornoz. part. sup. borr., plast.	33.947	3,54
10	94016100	Assentos estofados, com armação de madeira	30.502	3,18

Fonte: MDIC – abril/2012.

O fluxo de comércio internacional de São Tomé e Príncipe tem como principais parceiros Portugal e Angola. Nota-se que as autoridades governamentais querem manter suas relações comerciais com parceiros já tradicionais, entre eles Taiwan, mas mostram muito interesse em intensificar negócios com o Brasil e Índia, diversificando suas relações comerciais e diplomáticas.

Analisando rapidamente os dados apresentados sobre as exportações brasileiras para esses países e as suas relações comerciais com o Brasil, bem como suas situações econômicas, percebe-se que há um grande potencial para se fazer negócios, não só quanto ao fornecimento de produtos manufaturados, devido à escassez de indústrias de transformação nos países, mas também fornecendo materiais, máquinas e equipamentos para a construção de infraestrutura e ainda prestando serviços de diversas naturezas.

Nunca é demais salientar que esses países, após o processo que os tornou independentes de Portugal, passaram ou ainda passam por momentos difíceis que os levam a frequentes conflitos internos para se estabilizarem politicamente, o que tem prejudicado o seu desenvolvimento econômico e social. Mas isso não deve ser motivo para descartarmos as possibilidades de relações comerciais e de se fazer cumprir com os diversos acordos já assinados com o Brasil, o que veremos no capítulo seguinte.

2.
O Brasil, os países africanos da CPLP e os organismos internacionais

Neste capítulo serão apresentados os organismos internacionais dos quais os países africanos da CPLP fazem parte. Mas antes se torna necessário definir e conceituar os principais atos internacionais comumente assinados entre os países em suas relações internacionais, acrescentando exemplos destes atos firmados entre o Brasil e os países em questão. São eles:

I. Tratados – tipo de acerto internacional celebrado entre países, bilateralmente ou multilateralmente, que define relações de qualquer natureza, abrangendo aspectos diversos, podendo ter um prazo longo e determinado.

II. Acordos – os acordos internacionais são atos celebrados entre países para facilitar as suas relações ou até mesmo determinar os trâmites de qualquer ordem, como comercial, cultural ou de cooperação técnica. No comércio internacional, um dos acordos mais conhecidos que estabelecia normas e concessões tarifárias para o desenvolvimento comercial entre os signatários era o Acordo Geral sobre Tarifas e Comércio – GATT (*General Agreement on Tariffs and Trade*), sucedido em 1995 pela criação da OMC – Organização Mundial do Comércio. Os acordos podem ser feitos por um tempo determinado ou indeterminado, abrangendo um ou mais segmentos, sempre conforme os interesses dos países envolvidos. Exemplos de acordos assinados pelo Brasil com os países africanos de língua portuguesa:

Angola: Acordo de Cooperação Econômica, Científica e Técnica entre o Governo da República Federativa do Brasil e o Governo da República Popular de Angola, assinado em Luanda, em 11 de junho de 1980.

Cabo Verde: Acordo Básico de Cooperação Técnica e Científica entre o Governo da República Federativa do Brasil e o Governo da República de Cabo Verde, firmado em Brasília, em 28 de abril de 1977.

Guiné-Bissau: Acordo Básico de Cooperação Técnica e Científica entre o Governo da República Federativa do Brasil e o Governo da República da Guiné-Bissau, firmado em 18 de maio 1978.

Moçambique: Acordo de Cooperação Cultural entre o Governo da República Federativa do Brasil e o Governo da República de Moçambique, celebrado em 01 de junho de 1989.

São Tomé e Príncipe: Acordo Básico de Cooperação Científica e Técnica celebrado entre o Governo da República Federativa do Brasil e o Governo da República Democrática de São Tomé e Príncipe, firmado em Brasília, em 26 de junho de 1984.

III. Ajustes ou Acordos Complementares – caso haja interesses entre os países que já assinaram algum acordo e este precise ser regulamentado, complementado, ter algum ponto detalhado ou, ainda, decida-se pela implementação de programas ou projetos, o documento assinado para esse fim é o que se denomina "ajuste" ou "acordo complementar". Exemplos de ajustes assinados pelo Brasil com os países africanos de língua portuguesa com base nos acordos anteriormente celebrados:

Angola: Ajuste Complementar ao Acordo de Cooperação Econômica, Científica e Técnica entre o Governo da República Federativa do Brasil e o Governo da República Popular de Angola para Implementação do Projeto "Apoio à Formação Profissional Rural e Promoção Social em Angola", feito em Brasília em 23 de junho de 2010.

Cabo Verde: Ajuste Complementar ao Acordo Básico de Cooperação Técnica e Científica entre o Governo da República Federativa do Brasil e o Governo da República de Cabo Verde para a Implementação do Projeto "Fortalecimento da Capacidade Institucional da Agência de Aviação Civil de Cabo Verde", feito em Praia, em 02 de agosto de 2011.

Guiné-Bissau: Ajuste Complementar ao Acordo Básico de Cooperação Técnica e Científica para Implementação do Projeto "Transferência de Conhecimento e Capacitação Técnica para Segurança Alimentar e Desenvolvimento do Agronegócio na Guiné-Bissau", feito em Brasília, em 14 de novembro de 2007.

Moçambique: Ajuste Complementar ao Acordo de Cooperação Cultural entre o Brasil e Moçambique nas Áreas Audiovisual e Cinematográfica, feito em Maputo, em 16 de outubro de 2008.

São Tomé e Príncipe: Ajuste Complementar ao Acordo Básico de Cooperação Técnica para Implementação do Projeto "Apoio ao Desenvolvimento da Produção de Artesanato em São Tomé e Príncipe", feito em Brasília, em 26 de março de 2007.

IV. Protocolos – esses atos internacionais são normalmente utilizados quando os países intencionam formalizar um acordo ou um tratado e para isso elaboram um registro do que se pretende fazer futuramente. Segundo o Ministério das Relações Exteriores do Brasil, o termo "protocolo" também é usado para registrar as decisões acertadas em uma conferência internacional, ou seja, a "ata final de uma conferência internacional". Exemplos de protocolos assinados pelo Brasil com os países africanos de língua portuguesa:

Angola: Protocolo de Intenções entre o Governo da República Federativa do Brasil e o Governo da República de Angola sobre cooperação técnica na área de Administração Pública, assinado em Brasília, em 03 de maio de 2005.

Cabo Verde: Protocolo de Intenções entre o Governo da República Federativa do Brasil e o Governo da República de Cabo Verde no Domínio da Proteção e Promoção dos Direitos Humanos e da Inclusão Social, feito em Brasília, em 28 de julho de 2006.

V. Convênios – são atos internacionais celebrados entre países, de caráter específico, sendo que todas as partes têm os mesmos interesses. Em geral, os convênios têm prazos de vigência indeterminados, podendo ser rescindidos ou renovados desde que uma ou todas as partes mostrem interesse.

V. Memorando – de maneira mais simples que os outros atos internacionais, os memorandos são registros feitos entre países contendo os princípios que direcionarão as relações de qualquer natureza entre as partes. Exemplos de memorandos assinados pelo Brasil com os países africanos de língua portuguesa:

Angola: Memorando de Entendimento para Incentivo à Formação Científica de Estudantes Angolanos, assinado em Luanda, em 18 de outubro de 2007.

Cabo Verde: Memorando de Entendimento entre o Governo da República Federativa do Brasil e o Governo da República de Cabo Verde para o incentivo à formação científica de estudantes cabo-verdianos, feito em Brasília, em 14 de abril de 2009.

Moçambique: Memorando de Entendimento entre o Governo da República Federativa do Brasil e o Governo da República de Moçambique para o Desenvolvimento do Turismo, feito em Maputo, em 16 de junho de 2009.

São Tomé e Príncipe: Memorando de entendimento entre o Governo da República Federativa do Brasil e o Governo da República Democrática de São Tomé e Príncipe sobre Cooperação em Assuntos Aquícolas e de Pesca, assinado em Brasília, em 20 de janeiro de 2009.

Alguns atos internacionais multilaterais assinados pela Comunidade dos Países de Língua Portuguesa

- Acordo sobre supressão de vistos em passaportes diplomáticos, especiais e de serviço, entre os Governos dos Países-Membros da Comunidade dos Países de Língua Portuguesa, assinado em Maputo, em 17 de Julho de 2000.
- Acordo sobre Concessão de Visto Temporário para o Tratamento Médico a Cidadãos da CPLP, feito e assinado em Brasília, em 30 de julho de 2002.
- Protocolo de Cooperação entre os Países de Língua Portuguesa no Domínio da Segurança Pública, feito em Lisboa, em 9 de abril de 2008.

Diversos atos internacionais entre o Brasil e os países africanos de língua portuguesa estão em tramitação, sobretudo com Angola, o que nos mostra que esses países estão se tornando importantes nas relações e negócios internacionais e que certamente estão nos planos da política externa brasileira.

ORGANISMOS INTERNACIONAIS

Dentre os inúmeros organismos internacionais, destaca-se a seguir somente aqueles dos quais os países tratados neste livro participam e que, de alguma forma, estão relacionados ao comércio internacional. São eles: o Fundo Monetário Internacional, o Banco Mundial, a Organização Mundial do Comércio, a Câmara de Comércio Internacional, a Organização para a Cooperação do Desenvolvimento Econômico, a Organização das Nações Unidas, a Organização dos Países Exportadores de Petróleo e a Organização Mundial de Aduanas.

I. FMI e o Banco Mundial

O Fundo Monetário Internacional – FMI e o Banco Mundial foram criados em julho de 1944 durante a Conferência de Bretton Woods, nos Estados Unidos, como medidas para que os países assolados pela Segunda Guerra Mundial se reconstruíssem e se desenvolvessem economicamente. O auxílio dado por essas instituições é por meio de empréstimos com juros baixos e para pagamento de longo prazo.

Quando criados, O FMI e o Banco Mundial tinham alguns pontos em comum, como o interesse pelas questões econômicas globais e o esforço em buscar soluções para a recuperação econômico-financeira de seus países-membros, sendo que hoje praticamente todos os países do mundo são membros dessas duas instituições que, desde a sua criação, mantém suas sedes em Washington, D.C, nos Estados Unidos.

No entanto, o Banco Mundial e o Fundo Monetário Internacional se diferenciam em vários pontos e o principal deles é que o Banco Mundial tem como missão financiar o desenvolvimento econômico dos países por meio de empréstimos para a execução de projetos aprovados para construção ou recuperação de obras para diversos fins. Por outro lado, o FMI foi criado com a missão de cooperar para que seus países-membros mantenham a ordem dentro do sistema internacional de recebimentos e pagamentos, ou seja, controlem suas dívidas externas, mantendo seus compromissos em dia e sua moeda estável e reconstituindo suas reservas internacionais.

Os recursos do FMI para conceder os empréstimos aos países necessitados são originários em sua maior parte da subscrição de cotas de cada país-membro, sendo que o montante de contribuição de cada país corresponde à sua posição relativa diante da economia mundial. A cota de cada membro determina o nível de seus compromissos, bem como o número de votos no FMI e seu acesso aos financiamentos da instituição. Essas cotas são denominadas SDR – *Special Drawing Right*, em português DES – Direitos Especiais de Saques. A tabela abaixo apresenta as quantidades de DSE, o número de votos que Angola, Brasil, Cabo Verde, Guiné-Bissau, Moçambique e São Tomé e Príncipe possuíam em fevereiro de 2012 e os nomes de seus respectivos representantes.

Membro	Milhões de DSE	% do total	Governador/*Suplente*	Número de votos	% do total
Angola	286,3	0,12	Carlos Alberto Lopes *José de Lima Massano*	3.604	0,14
Brasil	4.250,5	1,79	Guido Mantega *Alexandre Antonio Tombini*	43.246	1,72
Cabo Verde	9,6	0,004	Cristina Duarte *Carlos Augusto Duarte de Burgo*	837	0,03
Guiné-Bissau	14,2	0,01	José Mario Vaz *João Aladje Mamadu Fadia*	883	0,04
Moçambique	113,6	0,05	Manuel Chang *Ernesto Gouveia Gove*	1.877	0,07
S. Tomé e Príncipe	7,4	0,003	Maria do Carmo Silveira	815	0,03

Fonte: FMI – fevereiro/2012.

Conforme mencionado, o país que mais contribui, ou seja, o que mais detém DES junto ao FMI, tem maior poder de voto na instituição e também maior limite de aportes de empréstimos quando necessitar. Desde a sua criação, o país que mais contribui e que tem maior poder de voto são os Estados Unidos.

Entre os países em estudo, o Brasil aparece como o que tem maior poder de saque e de voto comparado aos demais, mas mesmo assim são números muito pequenos em relação ao total. Em seguida, vem Angola, Moçambique, Guiné-Bissau, Cabo Verde e São Tomé e Príncipe, respectivamente, sendo que a soma de todos eles não representa nem 0,5% de direitos a saque e poder de voto no FMI, ou seja, nada.

Os beneficiários desses empréstimos, pela sua natureza, sempre são os governos federais e, para aprová-los, os dirigentes destes países devem apresentar uma "Carta de Intenções" descrevendo todas as medidas que serão tomadas para que sua economia volte a ficar sob controle e equilibrada. Essa "carta de intenções" deve ser aprovada pela Diretoria Executiva do Fundo. As medidas apresentadas pelos governantes dos países proponentes geralmente são muito rigorosas e impopulares e acabam revoltando a população do país, uma vez que podem levar, por exemplo, à perda de direitos sociais e trabalhistas adquiridos, corte nos gastos e investimentos no país e aumento das taxas de juros. No site do FMI são publicados todos os documentos gerados no âmbito do Fundo, inclusive as cartas de intenções apresentadas pelos países-membros que buscam empréstimos junto à instituição.

O FMI oferece diferentes tipos de empréstimos, cada um deles voltado para a necessidade do país que precisa de ajuda. Por meio do "Fundo Fiduciário para o Crescimento e Luta contra a Pobreza", são oferecidas aos países-membros três linhas de crédito:

- Serviço de Crédito Ampliado (SCA) – empréstimos de médio e longo prazos para pagamentos que atendam às necessidades de médio prazo do balanço de pagamentos, com maior flexibilidade para prorrogar os prazos para o cumprimento dos programas, das reformas estruturais e estratégias para a redução da pobreza;
- Serviço de Crédito *Stand-By* (SCS) – atende países que têm necessidade de recursos de curto prazo para fazer ajustes, devido aos problemas internos ou ainda para países que já vêm sofrendo há algum tempo com problemas no balanço de pagamentos e que podem precisar de ajuda ocasionalmente;
- Serviço de Crédito Rápido (SCR) – atende países que precisam de financiamento com urgência, devido a situações específicas, como países que passaram por conflitos internos e necessitam cobrir necessidades imediatas do balanço de pagamentos.
- Fundo Fiduciário para o Alívio da Dívida depois de uma Catástrofe (FFADC) – esta linha de empréstimo tem como objetivo ajudar países muito pobres e que sofreram com catástrofes naturais, como terremoto, tsunami, furações, etc.

Quando os países recorrem aos empréstimos no FMI, geralmente é porque não conseguem crédito em nenhuma outra instituição internacional.

Então, não lhes resta alternativa além de aceitar se submeter às austeras condições dos "salvadores da pátria", como ocorreu com a Grécia, em 2011, quando, para conseguir a liberação de recursos do FMI e da União Europeia, o primeiro-ministro George Papandreou teve que dar garantias de que um plano de cortes de gastos seria aprovado pelo parlamento grego – o que realmente ocorreu em fevereiro de 2012 –, além de apresentar um projeto de privatizações no país, o que não seria garantia de que essas ações resolveriam seus problemas, uma vez que os números indicavam que a dívida externa da Grécia era equivalente a 160% de seu PIB.

Juntamente com a divulgação do plano de corte de gastos na Grécia, eram noticiadas inúmeras manifestações de protestos do povo grego com pancadaria geral, depredações do patrimônio público e privado.

Seria possível citar aqui alguns exemplos dos empréstimos concedidos pelo FMI ao Brasil e aos países africanos da CPLP, mas, como o site do Fundo Monetário Internacional disponibiliza dados atualizados de cada um deles, seria interessante que o leitor utilizasse essa fonte de informações para seu conhecimento e para se manter atualizado.

Os países-membros do FMI também participam do Banco Mundial. Essa instituição é formada por várias outras instituições, o que lhe dá o nome de Grupo Banco Mundial, mas nem todos os países participam de todas elas. Cada uma dessas instituições que compõem o Grupo trabalha com objetivos e critérios específicos para a aprovação e concessão de empréstimos amparados em projetos para diversos fins buscando atingir os objetivos para que a globalização seja sustentável e que inclua todos os países do mundo. Em 2011, as instituições filiadas e o número de seus países-membros eram:

- BIRD – Banco Internacional de Reconstrução e Desenvolvimento – *International Bank for Reconstruction and Development (IBRD)* – 187 membros;
- AIF – Associação Internacional de Fomento – *International Development Association (IDA)* – 170 membros;
- CFI – Corporação Financeira Internacional – *International Finance Corporation (IFC)* – 182 membros;
- MIGA – Organismo Multilateral de Garantias de Investimentos – *Multilateral Investment Guarantee Agency (MIGA)* – 175 membros;

– CIADI – Centro Internacional de Arbitragem de Disputas sobre Investimentos – *International Centre for Settlement of Investment Disputes (ICSID)* – 147 membros.

A tabela abaixo mostra a participação dos países da CPLP no Grupo Banco Mundial em suas instituições filiadas.

Membros CPLP	BIRD	CFI	AIF	MIGA	CIADI
Angola	●	●	●	●	
Brasil	●	●	●	●	
Cabo Verde	●	●	●	●	●
Guiné-Bissau	●	●	●	●	
Moçambique	●	●	●	●	●
São Tomé e Príncipe	●	●	●		

Fonte: Banco Mundial – julho/2012.

Além das instituições filiadas, o Grupo Banco Mundial conta também com diversos parceiros como a Aliança Mundial para Vacinas e Imunização (GAVI), Grupo Consultivo sobre Pesquisas Agrícolas Internacionais (CGIAR), Fundo para o Meio Ambiente Mundial (FMAM), Grupo Consultivo de Ajuda à População mais Pobre (CGAP), Educação para Todos, Associação Mundial para a Água (GWP) e Programa Conjunto com as Nações Unidas sobre HIV/AIDS (ONUSIDA).

Por que nos interessariam essas informações sobre a participação dos países junto ao Banco Mundial? A resposta é simples: porque o Grupo Banco Mundial disponibiliza recursos por meio de seus empréstimos para a execução de projetos que visam a melhoria da qualidade de vida e desenvolvimento dos países proponentes. Para serem cumpridos, esses projetos necessitam de bens e serviços que não estão disponíveis em seus próprios mercados, levando os executores a buscar em outros mercados aquilo que atenda as suas necessidades. Ou seja, para a execução desses projetos, pode ser necessário buscar fornecedores no exterior, sejam eles prestadores de serviços, fornecedores de bens ou insumos para a execução das obras.

No site do Grupo Banco Mundial são divulgados os projetos, as assistências, os créditos e as doações aprovadas para cada um dos seus membros.

Sabe-se que fornecedores do mundo inteiro estão se beneficiando da possibilidade de participar das licitações internacionais para execução de projetos na África. O Brasil já está presente nos países africanos prestando, por exemplo, serviços na construção civil, tecnologia da informação e assessoria contábil. Por que não observar também os projetos financiados pelo Grupo Banco Mundial para oferecermos nossos bens e serviços para Angola, Cabo Verde, Guiné-Bissau, Moçambique e São Tomé e Príncipe?

Como uma instituição sem fins lucrativos, o Banco Mundial, em consonância com sua política interna, busca promover ajuda para o crescimento e desenvolvimento sustentável, financiando projetos voltados para diversas áreas, como a de educação, saúde, transporte público, infraestrutura em geral e sustentabilidade ambiental, com juros baixos para países com pouca ou nenhuma acessibilidade aos mercados financeiros internacionais.

Mensalmente, o Banco Mundial coloca à disposição em seu site um resumo de todos os projetos que estão em análise, para que os interessados em participar das oportunidades comerciais tomem conhecimento e acompanhem os processos. Listas de bens e serviços que, caso aprovados, vão ser adquiridos, são disponibilizadas ao público em geral. Uma vez aprovados e assinados, fica por conta do país onde será executado o projeto a publicação em jornais dos convites e aberturas das licitações necessárias para dar andamento às aquisições e obras.

É interessante que se tenha conhecimento dessas informações, pois essas propostas de empréstimos para a realização de projetos que estão em análise, e que muito provavelmente serão aprovadas, são opções de negócios que devem ser avaliadas quanto a suas oportunidades e riscos. Recordo aqui um episódio pelo qual passou um colega de trabalho que gastou muita energia tentando aprovar um limite de crédito, junto a um conceituado banco comercial, para uma operação de ACC – Adiantamento sobre Contrato de Câmbio[1] para uma empresa exportar um determinado produto a um país africano, cujo importador era a Organização Mundial da Saúde, das Nações Unidas. O comitê responsável pela aprovação do crédito do banco não aprovou o limite alegando "o risco do país africano"

---

[1] Veremos no capítulo sobre operações cambiais mais detalhes dos adiantamentos concedidos aos exportadores.

e "o risco do importador", ignorando totalmente o histórico e o desempenho no mercado interno e externo da empresa proponente e as garantias oferecidas. O risco-país, qual seria? O país africano seria o destino final da carga e nada mais. E qual seria o risco do importador, ou seja, das OMS, da ONU, aquele que vai se responsabilizar pelo pagamento da operação? Os argumentos apresentados pela não aprovação do limite de crédito demonstraram total falta de conhecimento dos processos de exportação e também falta de vontade de verificar como essas organizações atuam para dar assistência financeira de diversas maneiras aos países que necessitam da ajuda de organismos multilaterais. Resumindo o caso, a empresa foi obrigada a buscar recursos na concorrência, que aprovou o crédito em pouco tempo. O importador honrou seu compromisso de pagamento dentro do prazo pactuado, sem nenhum problema. Para o banco que negou o crédito foi uma oportunidade de negócio perdida e um cliente a menos em sua carteira. Para o gerente que não conseguiu convencer o comitê de crédito de que a oportunidade de negócio tinha menos risco do se pensava, restou a frustração e sair correndo atrás de outro cliente para cumprir sua meta mensal.

II. CCI – Câmara de Comércio Internacional

Há aproximadamente 90 anos, a Câmara de Comércio Internacional foi criada como uma instituição facilitadora do diálogo entre empreendedores buscando estabelecer critérios e normas a fim de harmonizar as práticas do comércio internacional e também como um órgão de solução de controvérsias.

Hoje, a CCI é considerada uma instituição empresarial, pois tem como membros representantes de centenas de grupos empresariais, empresas privadas e empresas estatais, entre outros, de todos os setores e segmentos econômicos, que *"defendem a globalização da economia como uma força para o crescimento econômico, a criação de trabalho e da prosperidade"* (CCI/2011).

Embora o uso das regras e critérios determinados pela CCI seja facultativo, a maioria dos negociadores, quando fecham seus contratos internacionais, acorda entre si que os termos e cláusulas devem ser amparados pelas publicações dessa instituição. Pode-se citar como exemplo as negociações amparadas com cartas de créditos que seguem as regras da Publicação nº 600, de 2007 e os *Incoterms*® – Termos Internacionais de Comércio, cuja última versão é a ICC nº 715, de 2010.

Sua sede fica em Paris, na França, mas possui escritórios em diversos países de todos os continentes.

III. OMC – Organização Mundial do Comércio

A criação da OMC foi uma das decisões tomadas pelos países participantes da última rodada de negociações – Rodada do Uruguai – do GATT – Acordo Geral de Tarifas e Comércio, que levou oito anos para chegar a um consenso em relação às questões que não se restringiam somente às tarifas e tributos incidentes nas operações de exportação e importação de bens.

Desde a criação do GATT, logo após o término da Segunda Guerra Mundial, diversas rodadas de negociação ocorreram, mas a maioria tinha como objetivo estabelecer tarifas e tributos aplicados nas negociações de comércio exterior considerando o grau de desenvolvimento dos países participantes. Com o passar dos anos, percebeu-se que uma nova economia global se apresentava, com características diversas e com questões a serem resolvidas, como o comércio de serviços, a economia em rede, as transferências de recursos financeiros, as barreiras comerciais, as regras de origem, as questões agrícolas, ambientais e trabalhistas.

Diferentemente da Câmara de Comércio Internacional, onde a adoção das regras e critérios é facultativa por parte de seus membros, na OMC todos os acordos devem ser consensuais, ou seja, todos os países devem aceitá-los e cumpri-los após a sua assinatura, correndo o risco de serem punidos pelo não cumprimento do que foi acordado entre eles. Por este motivo, as rodadas de negociação demoram muito para serem concluídas.

Desde o início deste século, a OMC tenta concluir a Rodada de Doha, que já foi denominada "Rodada do Milênio" e também "Rodada do Desenvolvimento", e, pelo andar das negociações, dificilmente os países chegarão a um acordo que satisfaça a todos.

Enquanto isso, os países tentam negociar tendo como base os acordos assinados ao término da Rodada do Uruguai, o que certamente já não atende mais às questões e ao dinamismo dos mercados globais da atualidade e acaba gerando conflitos pela não observação ou pelo não cumprimento dos acordos antes sacramentados por eles.

A OMC contava com 156 países-membros (2012), sendo que **Angola** é membro desde 23 de novembro de 1996, o **Brasil** desde 01 de janeiro de 1995, **Cabo Verde** desde 23 de julho de 2008, **Guiné-Bissau** desde 31 de maio de 1995 e **Moçambique** desde 26 de agosto de 1995. O único país africano da CPLP que não é citado como membro da OMC, mas como país observador, é São Tomé e Príncipe. Desde 26 de maio de 2005, se estuda a possibilidade do país se tornar membro efetivo.

IV. ONU/UNCTAD – Organização das Nações Unidas

Na Conferência das Nações Unidas sobre Comércio e Desenvolvimento – UNCTAD, promovida pela ONU em abril de 1988, diversos países assinaram um acordo denominado **Sistema Global de Preferências Comerciais entre Países em Desenvolvimento – SGPC** visando promover o intercâmbio e o incremento comercial entre si, com base na adoção de tarifas preferenciais para as importações originárias dos países participantes do acordo.

A última rodada de negociações da SGPC, denominada Rodada de São Paulo, teve início em junho de 2004 e só foi concluída em dezembro de 2010. Os termos do acordo preveem margem de preferência tarifária de 20% a 70% sobre a tarifa aplicada aos produtos. Este acordo está atualmente em fase de ratificação e adoção pelos países signatários.

A princípio, este acordo seria assinado por 11 países em desenvolvimento – os do Mercosul, Cuba, Egito, Índia, Indonésia, Malásia, Marrocos e República da Coréia, sendo que será possível que outros países venham a assiná-lo em outras ocasiões.

No Brasil, a lista de concessões tarifárias para o SGPC em vigor é a adotada no âmbito do Mercosul, divulgada pelo Decreto nº 5.106, de 15 de junho 2004 e publicada pelo Diário Oficial da União em 16 de junho de 2004, beneficiando os importadores de determinados produtos de origem dos países signatários deste acordo com até 100% de preferência tarifária, o que quer dizer que muitos desses bens podem ser importados com alíquota de imposto de importação zerada.

No início de 2012, dentre os países africanos de língua portuguesa, participava deste acordo somente **Moçambique** – desde 05 de julho de 1990. **Angola**, embora seja um país signatário, não havia ratificado o acordo, exigência estabelecida para conceder e receber o benefício previsto neste acerto entre países.

V. OPEP – Organização dos Países Exportadores de Petróleo

Com sede em Viena, na Áustria, a OPEP em julho de 2012 reunia 12 países produtores e exportadores de petróleo a fim de coordenar e unificar as políticas de petróleo de seus membros e determinar os melhores meios para salvaguardar seus interesses e ainda oferecer, por meio de divisões especializadas e fundo de fomento, serviços de dados, estudos sobre petróleo e geração de energia, finanças, tecnologia da informação, recursos humanos e de gestão, objetivando promover o desenvolvimento destes países. Os países integrantes da OPEP até o presente momento são: **Angola,** Arábia Saudita, Argélia, Catar, Emirados Árabes Unidos, Equador, Irã, Iraque, Kuwait, Líbia, Nigéria e Venezuela.

VI. OMA – Organização Mundial de Aduanas

Com o objetivo de harmonizar e simplificar os sistemas e regimes aduaneiros e o controle contra o comércio desleal, a OMA é uma instituição intergovernamental independente representada por aduanas de mais de 170 países nos quais ocorrem aproximadamente 98% comércio mundial. Com sede em Bruxelas, na Bélgica, é composta por comitês técnicos, entre eles o Comitê do Sistema Harmonizado e o Comitê Técnico Permanente.

3.
Integração regional e as relações comerciais entre o Brasil e a África portuguesa

Vários fatores são determinantes para avaliar o comércio entre os países. Quando analisamos os resultados da balança comercial brasileira e os comparamos com os resultados de outros países que possuem as mesmas características do Brasil, sempre vêm as perguntas: por que o Brasil ainda não consegue deslanchar e marcar definitivamente sua presença no exterior? Por que a participação do Brasil no comércio internacional é tão medíocre? Por que não se consegue manter um crescimento condizente com o tamanho da economia do país? Por que os inúmeros programas de incentivo às exportações não dão um melhor resultado?

Diversas são as respostas, inclusive que o país conseguiu um resultado melhor em relação a um período anterior e que se assim continuar, conquistaremos o nosso espaço. Mas, quando? É preciso ter cuidado porque boa parte de nossas vendas para o exterior ainda são commodities e, quando o preço no mercado internacional está alto, logicamente entrarão mais divisas para o país. Mas isso não quer dizer que aumentamos o volume de mercadorias exportadas. Pode ocorrer também que exportadores sejam obrigados a aumentar o preço em moeda estrangeira de seus produtos, por conta da desvalorização do dólar norte-americano, por exemplo, e consigam vendê-los gerando mais receita em moeda estrangeira. Portanto, o aumento de preço do produto não significa aumento da quantidade vendida e muito menos o aumento na participação do comércio internacional, uma vez que países em posição similar à do Brasil também tiveram o valor de suas vendas aumentadas e muitos deles tiveram crescimento real de suas vendas, ou seja, uma participação maior nas transações comerciais internacionais. E quando os preços caírem?

Outros fatores que também podem determinar o quanto um país participa do comércio internacional e que podem facilitar as suas negociações com outros países são os acordos comerciais assinados entre eles. Por vezes, a proximidade geográfica, as semelhanças culturais que não exigem mudanças nas características do produto ou serviço e até mesmo as relações de amizade e fatos históricos podem levar a assinaturas de acordos diversos entre países, contribuindo assim para o aumento do fluxo das importações e exportações entre eles.

Mas, o que atualmente se destaca nas relações comerciais são as dificuldades encontradas no comércio internacional. São os impedimentos ou as barreiras que as empresas e governos encontram para colocarem seus produtos e serviços em outros países, mesmo que estes países pertençam a um mesmo bloco econômico, como nos casos do Brasil e da Argentina que a toda hora têm uma barreira criada para dificultar suas relações comerciais.

No caso das exportações, antes mesmo das barreiras comerciais impostas pelos países importadores, há as barreiras internas da própria empresa que são, principalmente, a falta de preparo para atuar no mercado internacional, a falta de recursos para se equipar com ferramentas adequadas para oferecer bens ou serviços capazes de competir com seus concorrentes no exterior, a falta de um planejamento adequado e acreditar que vender no mercado externo é o mesmo que vender no mercado doméstico. Mas, nesses casos, se o empresário deseja mesmo atuar em outros países, ele pode se preparar, buscar programas de incentivo às exportações patrocinados pelos governos federal e estaduais, que muitas vezes não só oferecem cursos, seminários, estudos de mercados como também oferecem empréstimos para investimentos com taxa de juro e prazo para pagamento bastante interessantes.

Quanto às barreiras impostas pelos países importadores, estas já são bem mais difíceis de ultrapassar. São as conhecidas barreiras tarifárias e não tarifárias.

As **barreiras tarifárias** são aquelas em que o país importador onera suas importações aumentando os tributos, criando sobretaxas e tarifas para proteger seu mercado interno da concorrência de produtos importados e ainda submetendo as importações aos procedimentos de valoração aduaneira.

As **barreiras não tarifárias** podem não sofrer aumento do custo da importação, mas exigem-se certificações, licenças de importação, estabelecimento de quantidade máxima para importar determinado produto, inspeção prévia da mercadoria, exigência de uso de navios ou aviões de bandeira da nacionalidade do país importador, vistos e autenticações consulares e tudo aquilo que acaba dificultando não só a vida do exportador como do importador para fecharem seus negócios. Entre as barreiras não tarifárias, há as barreiras sanitárias, barreiras fitossanitárias, barreiras técnicas e barreiras ambientais.

Alguns autores não consideram as barreiras técnicas como "barreiras", uma vez que consistem em atender aos critérios técnicos estabelecidos por instituições governamentais ou privadas para a fabricação de determinados produtos e que têm como objetivo a proteção do consumidor, a segurança no manuseio e consumo. Essas exigências são determinadas de acordo com as normas e legislações de cada país. São denominadas barreiras técnicas, também, as exigências quanto às embalagens, como o tipo de material, tamanhos, padrão de peso, e quanto à rotulagem, como o tipo, tamanho das letras e o idioma a ser usado.

No Brasil, quem faz o monitoramento das barreiras técnicas é o INMETRO e, até abril de 2012, nenhum dos países africanos tratados neste livro apresentava na base de dados desta instituição algum tipo de barreira comercial para importar produtos brasileiros.

As barreiras ambientais são consideradas, por muitos estudiosos, barreiras técnicas, pois a maior parte das exigências quanto à fabricação e distribuição de mercadorias deve estar de acordo com as normas e leis ambientais nacionais e internacionais, e os fabricantes só conseguem comercializar seus produtos e serviços se apresentarem, por exemplo, o "selo verde", o "selo ambiental" e o "rótulo ecológico", entre outros. No Brasil há uma infinidade de normas e leis ambientais, como a legislação sobre logística reversa, que obriga o produtor a dar um destino adequado aos resíduos gerados pela fabricação e consumo do produto por ele fabricado.

Aqui é sugerida uma questão para reflexão: quando um país adota uma barreira ambiental, estaria ele preocupado com a preservação do meio ambiente ou estaria adotando uma restrição ao comércio internacional?

BLOCOS ECONÔMICOS

Nas últimas décadas observa-se que a evolução do comércio internacional teve como base a busca pela liberalização da economia global e a regionalização da economia mundial. Como meio para desenvolver e proteger determinadas regiões, os países se agrupam formando blocos econômicos ou blocos comerciais que, dependendo de suas intenções, podem ser caracterizados como zona ou área de livre comércio, união aduaneira, mercado comum, união econômica ou como uma confederação ou integração total.

A diferença entre as formas de blocos econômicos está basicamente no grau de envolvimento entre os países que o integram. Em uma **zona ou área de livre comércio,** os países que a integram assinam acordos prevendo que os bens serão comercializados livremente entre eles, o que quer dizer que as mercadorias podem entrar e sair destes territórios sem que haja a cobrança de impostos de exportação e importação ou qualquer exigência que venha a impedir a sua comercialização. Neste caso, os países continuam adotando suas políticas de comércio exterior em relação a países que não pertencem à área ou zona de livre comércio.

No caso da formação de uma **união aduaneira**, os países, além de permitirem que os bens circulem livremente entre eles, também adotam uma política tarifária comum em relação aos outros países, adotando a **TEC – Tarifa Externa Comum**, ou seja, as alíquotas dos impostos de importação aplicadas em relação aos países que não pertencem à união aduaneira serão as mesmas para todos os países-membros.

No **mercado comum**, o grau de envolvimento entre os países que o criaram já é bem maior, pois além de apresentar todas as características de uma área ou zona de livre comércio e de uma união aduaneira, é acordado entre os membros o livre trânsito de pessoas e capital, ou seja, passam a não ter restrições em relação aos fatores produtivos entre eles.

Um grau mais elevado de envolvimento entre países forma a **união econômica** que congrega todas as características dos tipos de blocos até aqui apresentados, acrescentando a harmonização de políticas econômicas entre os países-membros, o que acaba levando a adoção de uma moeda única.

E, como o grau mais avançado de envolvimento dos países que formam um bloco onde são previstas a adoção de políticas comuns, como as políticas monetária, fiscal e social, tem-se o que se denomina de **integração**

econômica total. Até o momento, nenhum dos blocos econômicos conhecidos se apresenta como uma confederação ou integração total, nem mesmo a União Europeia.

No continente africano há vários blocos comerciais com diversos fins. Inclusive, há acordos comerciais assinados entre países africanos que datam do começo do século XX, muito antes da criação de blocos em outros continentes. Aqui serão apresentados somente os blocos comerciais dos quais Angola, Cabo Verde, Guiné-Bissau, Moçambique e São Tomé e Príncipe participam e suas principais características, bem como os blocos econômicos dos quais o Brasil participa.

I. AF – African Union/UA – União Africana

A União Africana foi criada em 9 de julho de 2002, para substituir a OUA – Organização da Unidade Africana constituída em 25 de maio de 1963 por 32 países. Com sede em Adis Abeba, na Etiópia, a UA tem como objetivo coordenar e intensificar a cooperação entre os seus membros, buscando harmonizar as políticas dos Estados, entre elas a econômica, a educacional, a de saúde e a de defesa.

Em 2011 faziam parte da União Africana: África do Sul, Argélia, **Angola**, Benin, Botsuana, Burkina Faso, Burundi, **Cabo Verde**, Camarões, Chade, República Democrática do Congo, República do Congo, Costa do Marfim, Djibouti, Egito, Eritreia, Etiópia, Gabão, Gâmbia, Gana, Guiné, **Guiné-Bissau**, Guiné Equatorial, Lesoto, Libéria, Líbia, Madagascar, Malawi, Mali, Ilhas Maurício, Mauritânia, **Moçambique**, Namíbia, Níger, Nigéria, Quênia, República Centro Africana, Ruanda, Saara Ocidental, **São Tomé e Príncipe**, Senegal, Serra Leoa, Seicheles, Somália, Suazilândia, Sudão, Tanzânia, Togo, Tunísia, Uganda, Zâmbia e Zimbábue.

II. CEEAC – Communauté Economique Des Etats de L'Afrique Centrale/Comunidade Econômica dos Estados da África Central

A CEEAC foi criada em outubro de 1983 pelo Tratado de Instituição da Comunidade Econômica dos Estados da África Central, mas entrou em vigor somente em dezembro de 1984. Com sede em Libreville, no Gabão, um de seus principais objetivos é promover a estabilidade econômica entre seus países-membros por meio da liberalização do comércio de bens e serviços entre eles e ainda permitir o livre trânsito de pessoas.

Em 2011, faziam parte da CEEAC: **Angola**, Burundi, Camarões, República Centro-Africana, Chade, Congo, Guiné Equatorial, Gabão, **São Tomé e Príncipe** e República Democrática do Congo.

III. ECOWAS – Economic Community of West African States/ CEDEAO – Comunidade Econômica dos Estados da África Ocidental

Criada em 28 de maio 1975 pelo Tratado de Lagos como sendo a única comunidade econômica na região com a intenção de promover a integração econômica entre seus membros. Cinco dos países que compõem a CEDEAO (Gâmbia, Gana, Guiné-Conakry, Nigéria e Serra Leoa), criaram a ZMAO – Zona Monetária do Oeste da África com o objetivo de adotarem uma moeda única, o ECO, até 2015.

Com sede em Abuja, na Nigéria, em 2011 contava com os seguintes membros: Benin, Burkina Faso, **Cabo Verde**, Costa do Marfim, Gâmbia, Gana, Guiné, **Guiné-Bissau**, Libéria, Mali, Níger, Nigéria, Senegal, Serra Leoa e Togo.

IV. SADC – Southern Africa Development Community/Comunidade para o Desenvolvimento da África Austral

Criada em 17 de agosto de 1992 em substituição a SADCC – *Southern African Development Coordination Conference*, bloco criado em julho de 1979 pelos dirigentes de Angola, Botsuana, Lesoto, Moçambique, Suazilândia, Tanzânia e Zâmbia para defenderem suas fronteiras e também promoverem a economia e a independência política dos demais países da região.

Com sede em Gaborone, Botsuana, a SADC contava em 2011 com os seguintes países: **Angola,** Botsuana, Congo, Lesoto, Madagascar, Malaui, Ilhas Maurício, **Moçambique**, Namíbia, Seicheles, África do Sul, Suazilândia, Tanzânia, Zâmbia e Zimbábue.

V. ALADI – Asociación Latinoamericana de Integración/Associação Latino-Americana de Desenvolvimento e Integração

A ALADI foi criada pelo Tratado de Montevidéu, em 12 de agosto de 1980, substituindo a ALALC – Associação Latino-Americana de Livre Comércio, criada em fevereiro de 1960.

Com sede em Montevidéu, no Uruguai, essa associação pretende manter um mercado comum entre os países latino-americanos por meio de acordos de preferências tarifárias assinados entre seus membros, respeitando as diferenças e necessidades em relação ao desenvolvimento econômico de cada um. Os países que participam da ALADI estão classificados da seguinte maneira:

PMDER – Países de Menor Desenvolvimento Econômico Relativo: Bolívia, Equador e Paraguai.

PDI – Países de Desenvolvimento Intermediário: Chile, Colômbia, Cuba, Peru, Uruguai e Venezuela.

OPM – Outros Países-Membros – Argentina, **Brasil** e México.

Desde agosto de 1982, a ALADI adota o **CCR – Convênio de Créditos Recíprocos**, um sistema de pagamentos e recebimentos de valores operacionalizados pelos bancos centrais dos países signatários, cujos acertos de contas são realizados quadrimestralmente de acordo com o saldo das operações. Dos países da ALADI, Cuba ainda não é signatária deste convênio e a República Dominicana, embora não participe desta associação, é signatária do CCR.

Outro sistema de pagamentos adotado por dois países da ALADI – Argentina e **Brasil** – é o **SML – Sistema de Pagamento em Moeda Local**, que prevê que os pagamentos e recebimentos referentes às operações comerciais (exportações e importações) e financeiras entre os países sejam feitos em suas moedas locais, observando os critérios adotados por este acordo.

VI. MERCOSUR – Mercado Común del Sur/MERCOSUL – Mercado Comum do Sul

O Mercosul foi criado em 26 de março de 1991 com a assinatura do Tratado de Assunção, todavia desde 1985 o Brasil e a Argentina já tinham iniciado negociações comerciais para a criação de uma área de livre comércio regional. Com a adesão do Paraguai e Uruguai, os objetivos do Mercosul passaram a ser mais ousados, ou seja, a criação de um mercado comum.

Com sede em Montevidéu, os países participantes deste bloco são Argentina, **Brasil**, Paraguai, Uruguai e Venezuela. O Brasil, seja por meio do Mercosul ou bilateralmente, tem diversos acordos comerciais assinados com outros países e blocos, como o acordo de Preferência Tarifária Regional entre os países da ALADI (PTR-04), Acordo de Complementação Mercosul-Chile (ACE-35), Mercosul-Bolívia (ACE-36), Brasil-México

(ACE-53), Mercosul-Israel e Mercosul-Índia. Outros acordos estão há anos em negociação, mas até o presente momento nada foi concretizado, como é o caso das negociações com a União Europeia. Também há acordos que, embora já estejam formalizados, ainda não estão em vigor, como o do Mercosul – SACU (União Aduaneira formada pela África do Sul, Botsuana, Lesoto, Namíbia e Suazilândia) e o do Mercosul-Egito.

Outra questão que não estava resolvida era a adesão da Venezuela como membro do bloco, faltando somente o senado paraguaio aceitá-la como país participante do Mercosul.

Mas, em junho de 2012, um movimento político no Paraguai acabou destituindo o presidente Fernando Lugo de seu cargo, assumindo em seu lugar o vice-presidente Federico Franco. Esse movimento foi considerado não democrático pelos demais países do bloco e, por esse motivo, o Paraguai foi suspenso do Mercosul até que fosse restaurada sua ordem democrática. Aproveitando este momento, a Argentina, o Brasil e o Uruguai aprovaram a entrada da Venezuela no bloco, o que gerou muita discussão e críticas, pelas circunstâncias em que essa decisão foi tomada.

VII. UNASUL – Unión de Naciones Suramericanas/União das Nações Sul-Americanas

Buscando o desenvolvimento equilibrado e harmônico da América do Sul, por meio da integração política, social, cultural, econômica, financeira, ambiental e de infraestrutura, Argentina, Bolívia, Brasil, Chile, Colômbia, Equador, Guiana, Paraguai, Peru, Suriname, Uruguai e Venezuela formaram a Unasul, em maio de 2008, pelo Tratado Constitutivo da União das Nações Sul-Americanas, que entrou em vigor em março de 2011. Umas das ações da Unasul foi a participação nas decisões que levaram o Paraguai a ser suspenso temporariamente do Mercosul por conta dos fatos já citados anteriormente.

AGRUPAMENTO DE PAÍSES
I. G77

Esta referência foi criada em 15 de junho de 1964 durante a Conferência das Nações Unidas sobre Comércio e Desenvolvimento – UNCTAD, em Genebra, na Suíça, para designar os 77 países que apresentavam um nível de desenvolvimento econômico que os classificavam como "subdesenvolvidos". Para esses países foi adotado o SGPC – Sistema Global de

Preferências Comerciais, tendo como um dos seus objetivos o incentivo ao aumento da produção e o comércio entre eles por meio da diminuição de barreiras tarifárias e não tarifárias. Em 2011, **Angola**, **Brasil**, **Cabo Verde**, **Guiné-Bissau**, **Moçambique** e **São Tomé e Príncipe** faziam parte dos 131 países que formavam o G77.

II. Grupo de Cairns

Formado em 1986 na cidade de Cairns, na Austrália, por Argentina, Austrália, Bolívia, **Brasil**, Canadá, Chile, Colômbia, Costa Rica, Fiji, Guatemala, Indonésia, Malásia, Nova Zelândia, Paraguai, Filipinas, África do Sul, Tailândia e Uruguai, países que têm como característica comum a exportação de produtos agrícolas. Esses países buscam conjuntamente defender seus interesses, principalmente em relação aos entraves para a comercialização de seus produtos junto à União Europeia.

III. BRICS

Esta referência foi denominada inicialmente como BRIC, em 2001 pelo economista Jim O'Neil, da Goldman Sachs referindo-se ao **Brasil**, à Rússia, à Índia e à China, países que se destacavam pelo seu crescimento econômico e influência no mercado internacional. Desde 2009, os governantes desses países passaram a se reunir para tratar de assuntos de seu interesse, sendo que, na reunião de 2011, a África do Sul se juntou a este grupo, formando o que é chamado de BRICS.

IV. G20

Representam as economias mais influentes do mundo, seja por possuírem um PIB elevado ou por serem países industrializados, ou ainda por terem algum tipo de influência no comércio internacional, como os BRICS. As questões tratadas entre eles giram em torno dos sistemas econômicos, cambiais e dívida externa dos países no mundo.

No G20, os países são representados pelos ministros da área econômica e pelo presidente dos bancos centrais. Fazem parte deste grupo Alemanha, Canadá, Estados Unidos, França, Itália, Japão, Reino Unido, Rússia, **Brasil**, Argentina, México, China, Índia, Austrália, Arábia Saudita, África do Sul, Coréia do Sul, Turquia e União Europeia, que é representada em bloco pelo representante do Banco Central Europeu e pela presidência rotativa do Conselho Europeu.

4.
Observando e analisando as oportunidades nos novos mercados

Avaliar as oportunidades e os riscos é fundamental para que uma empresa defina suas ações para investir em novos projetos, por exemplo, exportar para novos mercados. Mas por onde começar? A sugestão é começar olhando os movimentos que ocorrem em relação àquilo que se pretende, ou seja, no caso da proposta deste livro é verificar as possibilidades e oportunidades que se tem em relação às exportações para os países africanos de língua portuguesa.

Que movimentos são estes? Começo citando uma notícia divulgada pelo MDIC no dia 25 de outubro de 2011 com o título "Ministro moçambicano apresenta projetos no MDIC". O texto noticiava que Paulo Zucula, Ministro dos Transportes e Comunicação de Moçambique, esteve no ministério para apresentar projetos de desenvolvimento do seu país.

O texto também informava que *"Zucula destacou a participação de investimentos e de empresas brasileiras no atual processo de desenvolvimento do país e listou projetos futuros que poderiam continuar a contar com este envolvimento, entre eles, o da ampliação e modernização do aeroporto de Nacala, o de obras de infraestrutura para instalação de uma zona industrial no país, o da construção de um metro superficial em Maputo e ainda o de obras de saneamento. Além disto, o governo do país africano tem interesse em adquirir novas aeronaves produzidas no Brasil."*

Ainda sobre a importância deste movimento para incrementar os negócios do Brasil com Moçambique, Fernando Pimentel, ministro do MDIC do Brasil, completou *"A presença de nossas empresas em países africanos como Moçambique é a garantia de bons negócios tanto para brasileiros como para africanos, já que elas sempre operam com contratação de mão de obra local"*.

A notícia termina informando que o ministro Fernando Pimentel iria para Moçambique na segunda quinzena de novembro daquele ano para uma missão empresarial brasileira, acompanhado por mais de cinquenta empresários brasileiros de diversos setores. Essa visita do ministro Zucula ao Brasil aconteceu dias após o retorno da presidente Dilma Rousseff da África, onde visitou vários países, entre eles **Angola** e **Moçambique**. Outra notícia, desta vez divulgada pelo Ministério da Indústria e Comércio de Moçambique, em 02 de agosto de 2010, começava dizendo o seguinte:

"As relações comerciais entre o Brasil e os países africanos tiveram forte impulso nos últimos anos com o aumento das exportações de produtos brasileiros para diversos países da África. Essas relações estão sendo fortalecidas com a promoção de missões comerciais brasileiras, rodadas de negócios e seminários com compradores africanos. Para reforçar a intenção de investir no mercado africano e dar suporte às empresas brasileiras com foco no continente, a Apex-Brasil inaugurou, em novembro de 2010, um Centro de Negócios (CN) em Luanda (Angola)."

Centros de Negócios – são estruturas montadas pela ApexBrasil em pontos estratégicos do mundo para apoiar investidores brasileiros. Os trabalhos desenvolvidos por estes centros de negócios são voltados para inteligência de mercado, promoção de negócios, apoio às instalações locais, logística e distribuição.

A ApexBrasil destaca como benefícios dos centros de negócios aos empreendedores o seguinte:
- "o apoio personalizado em todas as fases de internacionalização, desde a coleta de informações dinâmicas de mercado até a efetiva instalação local;
- assessoria de profissionais brasileiros com ampla experiência nos mercados-alvo diminuindo os riscos no processo de internacionalização da sua empresa;
- acesso a informações estratégicas, previamente qualificadas pela equipe Apex-Brasil;
- prestação de serviço customizado, de acordo com as necessidades da empresa e as peculiaridades do mercado;
- redução de custos e aumento da competitividade."

O governo brasileiro também disponibiliza um serviço de atendimento às empresas exportadoras brasileiras chamado de "BrasilGlobalNet", que, por meio de seu portal na internet, fornece informações sobre as políticas públicas e mecanismos de apoio à internacionalização de empresas brasileiras, guias de apoio aos investimentos no exterior, pesquisas de mercado, ferramentas de análise de mercados, entre outros.

Outras instituições também oferecem apoio às empresas que querem atuar em outros países. Entre elas, pode-se citar as embaixadas, os consulados e as câmaras de comércio instaladas nos países exportadores e importadores que possuem programas de promoção aos negócios de seus países com o país onde estão estabelecidas.

Abaixo, estão algumas das ações desenvolvidas pelas representações brasileiras governamentais no exterior vinculadas aos programas de apoio às empresas que desejam fazer negócios com os países africanos de língua portuguesa:

Embaixada do Brasil em Luanda/Angola – os serviços oferecidos pelo BrasilGlobalNet, os calendários brasileiro e angolano das feiras e exposições do ano, catálogo de exportadores brasileiros e informações sobre a AEBRAN – Associação dos Empresários e Executivos Brasileiros em Angola. Instituição criada em 2003 com o objetivo de defender os interesses de seus associados e divulgar as oportunidades de negócios no país.

Embaixada do Brasil em Praia/Cabo Verde – oferece por meio do SECOM – Setor de Promoção Comercial, vinculado ao Departamento de Promoção Comercial e Investimentos do Itamaraty, informações sobre a procura de importação de produtos brasileiros, oportunidades de negócios e apoio para a participação de empresários brasileiros em feiras, exposições e missões comerciais em Cabo Verde.

Embaixada do Brasil em Bissau/Guiné-Bissau – os serviços do BrasilGlobalNet e estatísticas de comércio bilateral.

Embaixada do Brasil em Maputo/Moçambique – os serviços oferecidos pelo BrasilGlobalNet, informações sobre a CCMOBRA – Câmara de Comércio Moçambique/Brasil em Maputo, que entre as suas atividades está a realização de encontros de negócios entre instituições governamentais brasileiras e moçambicanas. A embaixada ainda oferece outras indicações de instituições que apoiam os negócios de brasileiros em Moçambique.

Embaixada do Brasil em São Tomé/São Tomé e Príncipe – os programas de apoio para atuar neste país estão relacionados à área educacional profissional, em que instituições brasileiras como o SENAI oferecem cursos profissionalizantes nas áreas de construção civil, eletricidade, costura, mecânica de autos e informática; e a implantação do PRONER – Programa Nacional de Extensão Rural, desenvolvido pelo Ministério do Plano e Desenvolvimento de São Tomé e Príncipe, pela Universidade Federal de Viçosa e pela EMATER/MG – Empresa de Assistência Técnica e Extensão Rural de Minas Gerais, para a capacitação de técnicos e produtores rurais.

As citações acima são somente alguns exemplos dos trabalhos desenvolvidos pelo Brasil e pelos países africanos de língua portuguesa para o desenvolvimento dos negócios entre si. Certamente, o empresário brasileiro que deseja estabelecer negócios no exterior, antes de tomar sua decisão deverá avaliar todas as possibilidades não só com base nas informações fornecidas pelas instituições governamentais como também por outras instituições, além de coletar dados por conta própria relacionados ao seu ramo de atuação.

INTERNACIONALIZAÇÃO DE EMPRESAS

Quando uma empresa decide atuar em outro país, se diz que ela está se internacionalizando. E quais são as formas de uma empresa se internacionalizar? São várias. Aqui não vamos tratar dos inúmeros referenciais teóricos sobre internacionalização de empresas, mas vamos informar de maneira bem simples quais são estas formas para que o leitor conheça as possibilidades para internacionalizar a sua empresa. Pode-se dividir as formas de internacionalização de uma empresa em três grupos: os Investimentos Diretos no Exterior, as Parcerias e o Comércio Internacional.

IDE – Investimentos Diretos no Exterior

Neste primeiro grupo, os investimentos diretos no exterior são caracterizados quando uma empresa brasileira decide se internacionalizar instalando plantas, filiais ou subsidiárias no exterior. As aquisições de empresas em outros países, as fusões e as participações acionárias também se caracterizam como Investimento Direto no Exterior.

Não se pode dizer que o Brasil seja um país que sempre fez investimentos desse tipo em outros países. Mas a história nos mostra que empresas brasileiras já marcaram sua presença em outros países tanto instalando filiais e subsidiárias, como comprando empresas fora do território nacional.

Exemplos desse tipo de negócio nos são fornecidos pelas empresas Gerdau e Marcopolo, dos setores siderúrgico e de fabricação de carrocerias para ônibus rodoviários e urbanos, respectivamente.

Nos países africanos da CPLP, diversas empresas brasileiras estão se instalando e não só aproveitando as oportunidades que aqueles mercados oferecem e os incentivos fornecidos pelos governos locais, mas também porque atualmente as normas e regras para investimentos no exterior ditadas pelo governo brasileiro estão bem menos rigorosas que em outras épocas. Dos países apresentados neste livro, percebe-se uma movimentação bastante importante de instalação de empresas em **Angola** e **Moçambique**, não só para a instalação de indústrias, mas também na instalação de empresas prestadoras de serviços de diversas naturezas.

É bom sempre destacar que os países africanos da CPLP estão abertos para o mundo todo e as oportunidades são vistas por todos os demais países que competem com o Brasil. A presença da China em Angola já está sendo muito notada, o que demonstra que as oportunidades estão lá e só nos resta analisá-las e aproveitar as nossas vantagens competitivas.

Parcerias e Associações
Neste segundo grupo, da mesma forma que empresas brasileiras estão intensificando seus investimentos diretos nos países africanos de língua portuguesa, as parcerias com empreendedores daqueles países também têm se apresentado como uma das possibilidades para que empreendedores brasileiros passem atuar no mercado externo.

São inúmeras as formas de parceria e de associação que as empresas têm à sua disposição, como as associações para a produção, montagem ou distribuição de um bem, as franquias, as *joint ventures*, entre outras.

As parcerias formalizadas no exterior devem ser analisadas e conduzidas de acordo com a legislação de cada país envolvido, portanto, a presença de profissionais competentes para a condução e celebração dos contratos é indispensável. No Brasil, há diversos escritórios de advocacia especializados na orientação e condução desses tipos de negócios.

Comércio Internacional
E, por fim, o terceiro grupo de formas para se internacionalizar uma empresa é por meio do comércio de bens e serviços entre os países, ou seja, pelas exportações e importações.

Todo e qualquer bem que saia de um país é uma exportação e todo e qualquer bem que entre em um país é uma importação. O mesmo pode-se considerar em relação ao setor de serviços, ou seja, a prestação de serviços fora do território nacional é uma exportação e a prestação de serviços em território nacional por empresas sediadas no exterior é uma importação.

Dentre as formas de internacionalização de empresas, optou-se para tratar neste livro as exportações de bens e serviços para os países africanos de língua portuguesa. Nos próximos capítulos, serão apresentados temas relevantes para as rotinas e procedimentos das exportações, mas antes quero reproduzir duas observações feitas por Mendes e Ferreira (2011):

"Duas observações devem ser feitas em relação às formas para que uma empresa passe a atuar no mercado internacional:

1. *As formas apresentadas não se esgotam aí, pois considerando o dinamismo dos mercados e de seus atores, a cada momento pode-se criar uma nova maneira de fazer negócios em outros países, ou ainda, dentro das possibilidades já conhecidas, podem-se adotar variantes dentro do formato do negócio escolhido.*
2. *Para se estabelecer no mercado externo é preciso que as empresas façam uma escolha correta dos caminhos de sua internacionalização, amparadas em uma avaliação honesta sobre a real capacidade de a empresa se internacionalizar, seja por um meio ou outro. Esta avaliação da capacidade exportadora da empresa requer um estudo aprofundado sobre os recursos que esta empresa tem disponíveis no momento em que a direção da empresa decidiu por atuar no mercado internacional. Recursos estes que revelam a sua capacidade técnica, financeira e humana. Somente depois desta avaliação é que as empresas podem traçar as suas estratégias com escolhas certas para atuar internacionalmente."*

5.
Sistemática de exportação de bens e serviços

As rotinas e os procedimentos de exportação de bens e serviços para os países africanos da CPLP são praticamente as mesmas quando se negocia com outros países, devendo, portanto, observar as peculiaridades expressas nos **normativos** em relação a cada um dos mercados em que se pretende negociar.

> **Normativos:** O Diário Oficial da União – D.O.U, em 19 de julho de 2011 publicou a Portaria SECEX nº 23, de 14 de julho de 2011, alterada pela Portaria SECEX nº 24, de 26.07.2011, que consolida as normas e procedimentos aplicáveis às operações de comércio exterior. Desde que foi publicada, esta portaria já sofreu algumas alterações que estão disponíveis no site do MDIC – Ministério do Desenvolvimento, Indústria e Comércio Exterior.

HABILITAÇÕES PARA EXPORTAR

Quando se pretende atuar no mercado externo, o primeiro passo é verificar se, no contrato social da empresa, o objetivo da atividade do estabelecimento consta que a empresa é exportadora e ou importadora. Se não constarem essas atividades, deverá ser providenciada a alteração do contrato social incluindo as atividades de exportação e importação em seus atos constitutivos. É permitido que profissionais autônomos, como artesãos, exportem suas obras, mas, nesse caso, esses profissionais devem fazer seu cadastro como autônomos em entidades credenciadas pela SECEX – Secretaria de Comércio Exterior, do MDIC para poder exportar.

O segundo passo é providenciar as habilitações do exportador ou importador junto aos órgãos competentes, por conta própria ou ainda por meio de credenciamento de seus representantes legais. Essas habilitações consistem em fazer a inscrição no **RADAR – Registro e Rastreamento da Atuação de Intervenientes Aduaneiros,** da Secretaria da Receita Federal do Brasil e o **REI – Registro de Exportadores e Importadores**, da SECEX – Secretaria de Comércio Exterior. A partir desse credenciamento, obtêm-se senhas de acesso ao **Siscomex – Sistema Integrado de Comércio Exterior.** As senhas de acesso a esse sistema podem ser fornecidas às indústrias exportadoras, às comerciais exportadoras, às *trading companies,* aos despachantes aduaneiros, às transportadoras e todos aqueles que representam entidades que estão envolvidas nas operações de comércio exterior no Brasil.

SISCOMEX – Sistema Integrado de Comércio Exterior: sistema informatizado instituído pelo Decreto nº 660, de 25.9.92, que integra as atividades da Secretaria de Comércio Exterior – SECEX, da Receita Federal do Brasil – RFB e do Banco Central do Brasil – BACEN, bem como de órgãos anuentes, tais como Ministério da Saúde, Ministério da Agricultura, Pecuária e Abastecimento e agências reguladoras, para os registros, acompanhamentos e controles das diferentes etapas das operações de exportação e importação de mercadorias.

REI – Registro de Exportadores e Importadores no Siscomex: este registro é feito automaticamente quando for realizada sua primeira operação de exportação ou importação no sistema referido. Empresas que não tenham cumprido com as normas e procedimentos exigidos na legislação poderão ter sua inscrição no REI suspensa ou cancelada pelos órgãos competentes.

SISTEMA RADAR – Registro e Rastreamento da Atuação de Intervenientes Aduaneiros: o RADAR é um sistema que disponibiliza informações de natureza

> aduaneira, contábil e fiscal aos ficais aduaneiros. Este instrumento permite identificar comportamentos e perfis de risco dos agentes que atuam no comércio exterior e auxilia no combate às fraudes.

Pessoas físicas também podem exportar ou importar, mas precisam ficar atentas à quantidade daquilo que estão negociando, para que não se configure habitualidade e que estas operações não sejam para fins comerciais.

Com as mesmas finalidades do Siscomex, para as operações que envolvem exportação e importação de serviços, foi criado o **Siscoserv – Sistema Integrado de Comércio Exterior de Serviços, Intangíveis e Outras Operações que Produzam Variações no Patrimônio.**

MERCADORIAS E SERVIÇOS
Classificação Fiscal de Mercadorias – NCM/SH e Serviços – NBS

Uma vez credenciadas junto à RFB, as empresas exportadoras e importadoras estão devidamente habilitadas para registrar suas exportações e importações no Siscomex, mas, para tanto, devem observar que tipo de mercadoria está sendo comercializada. A identificação da mercadoria, deverá ser feita de acordo com a **NCM** – Nomenclatura Comum do Mercosul – **SH**, chamada de **classificação fiscal da mercadoria**.

A identificação dos serviços prestados no exterior deverá ser feita de acordo com **NBS** – Nomenclatura Brasileira de Serviços, Intangíveis e Outras Operações que Produzam Variações no Patrimônio.

A classificação adequada das mercadorias e serviços vai definir quais serão os tratamentos administrativos que deverão ser observados para se obter as autorizações necessárias para as exportações e importações, além de também definir o tratamento tributário a ser aplicado nas operações.

> **SH – Sistema Harmonizado de Designação e de Codificação de Mercadorias** é um método internacional de classificação de mercadorias, tendo como base códigos e respectivas descrições, desenvolvido e mantido pela Organização Mundial de Aduanas – OMA, desde janeiro de 1988.

> **NCM – Nomenclatura Comum do Mercosul-SH – Classificação Fiscal da Mercadoria** – O código SH corresponde aos 6 primeiros dígitos da Nomenclatura Comum do Mercosul – NCM e os demais correspondem às especificidades do Mercosul.

> **NBS – Nomenclatura Brasileira de Serviços, Intangíveis e Outras Operações que Produzam Variações no Patrimônio** – foi instituída pelo Decreto Presidencial nº 7.708, de 02 de abril de 2012. O código é composto por nove dígitos e foi elaborado tomando por base a *CPC – Central Products Classification*, das Nações Unidas.

Desde janeiro de 1995, o Brasil e seus parceiros do Mercosul adotam a **TEC – Tarifa Externa Comum** para classificar as mercadorias que serão exportadas e importadas. A TEC está dividida em 21 seções e 97 capítulos e estes em subcapítulos, além das notas dos capítulos que orientam quanto ao tratamento que deverá ser dispensado à mercadoria classificada.

O método aplicado para classificar as mercadorias, baseado na estrutura de códigos do SH-Sistema Harmonizado e na NCM-Nomenclatura Comum do Mercosul, resultará em um código da mercadoria composto por oito dígitos, sendo que os seis primeiros são formados pelo SH, os sétimos e oitavos correspondem a desdobramentos específicos atribuídos pelo Mercosul, por exemplo:

> Código NCM: **8802.20.21** – avião monomotor
> Este código foi formado a partir dos seguintes desdobramentos:
> Seção: **XVII** – Material de Transporte
> Capítulo: **88** – aeronaves e aparelhos espaciais, e suas partes.
> Posição: **8802** – Outros veículos aéreos (por exemplo, helicópteros, aviões); veículos espaciais (incluindo satélites) e seus veículos de lançamento, e veículos suborbitais.
> Subposição: **8802.20** – aviões e outros veículos aéreos, de peso não superior a 2.000kg, vazios.
> Item e subitem: **8802.20.21** – monomotores

A classificação fiscal de uma mercadoria poderá identificá-la como sendo mercadoria livre, controlada, suspensa ou proibida.

Para as **mercadorias livres** não é necessário nenhum procedimento especial para se obter as autorizações para negociá-las no mercado externo, apenas os registros normais de controle de entrada e saída do território nacional e a apresentação dos **documentos comerciais e financeiros** que representam a operação de exportação ou importação.

As **mercadorias controladas** são aquelas cuja exportação ou importação exige a anuência de órgãos responsáveis ou competentes, que irão fazer uma análise da "proposta" para as vendas ou compras internacionais, podendo ser concedida ou não a autorização para prosseguir no negócio. Como a exportação de medicamentos que necessitam da anuência do Ministério da Saúde.

As **mercadorias suspensas** são aquelas que, embora normalmente sejam consideradas livres ou controladas, temporariamente estão suspensas as suas exportações ou importações, devido a algum fato que momentaneamente impeça as negociações. Após a solução desse impedimento, elas voltam a ter o mesmo tratamento de antes. Como a exportação de carne bovina quando detectado que o rebanho contraiu o vírus da febre aftosa.

E as **mercadorias proibidas**, obviamente são aquelas que de nenhuma maneira podem ser negociadas com outros países. Como a proibição das exportações brasileiras de alguns tipos de animais e plantas silvestres que estão em vias de extinção e fósseis.

Documentos exigíveis nas operações de comércio exterior

Uma série de documentos faz parte de uma operação de comércio exterior. São documentos exigidos pelas autoridades do país do exportador para que se autorize a saída da mercadoria e pelas autoridades do país do importador para que o bem possa ser nacionalizado e, portanto, possa entrar no país legalmente.

A obtenção da maior parte dos documentos necessários para se proceder a uma exportação é de responsabilidade do exportador, principalmente aqueles que deverão ser entregues para o importador para que se faça o desembaraço da carga em seu país. Outros documentos são necessários para trânsito no país exportador ou ainda para se obter a licença para exportar, não devendo, portanto, sair do país.

Considerando uma **exportação brasileira** para qualquer país, no mínimo deverão ser providenciados os seguintes documentos: os registros de exportação no Siscomex, a nota fiscal de saída, o romaneio, a fatura comercial e o conhecimento de embarque. Além destes documentos que tratam do aspecto comercial da operação, ainda há os documentos necessários para as operações cambiais, no caso das exportações com cobertura cambial.[1]

Nas emissões das **Notas Fiscais** – documento que deve ser emitido quando ocorrer uma venda de mercadoria ou prestação de serviços tanto no território nacional como nas exportações – algumas observações devem ser feitas:

1. **Nota Fiscal de Exportação de Mercadorias**: deve ser emitida antes de a carga sair do estabelecimento produtor/exportador, sendo que o CST – Código de Situação Tributária deve informar que a mercadoria sairá do território nacional e, portanto, estará suspensa ou isenta da incidência dos seguintes impostos:

   – IPI – Imposto sobre Produtos Industrializados;
   – ICMS – Imposto sobre a Circulação de Mercadorias e Prestação de Serviços;
   – PIS/PASEP – Programas de Integração Social e de Formação do Patrimônio do Servidor Público;
   – COFINS – Contribuição para o Financiamento da Seguridade Social.

2. **Nota Fiscal de Exportação de Serviços**: no caso de exportação de serviços, a legislação brasileira prevê a isenção do ISS, mas esta isenção está condicionada a alguns fatores:

   a. que a pessoa física ou jurídica que contratou os serviços esteja domiciliada ou residente fora do território nacional, ou seja, o contratante esteja estabelecido em Angola, Cabo Verde, Guiné-Bissau, Moçambique ou São Tomé e Príncipe;
   b. que o serviço tenha sido prestado fora do território nacional, ou seja que tenha sido prestado em Angola, Cabo Verde, Guiné-Bissau, Moçambique ou São Tomé e Príncipe;

---

[1] Os aspectos cambiais das operações de comércio exterior serão apresentados em capítulo próprio deste livro.

c. que haja a contratação de câmbio do valor cobrado pelos serviços prestados, ou seja, que o contratante tenha enviado o valor em moeda estrangeira para o exportador e este tenha providenciado a conversão em moeda nacional;
d. Somente após a contratação de câmbio, o exportador deverá emitir a Nota Fiscal de prestação dos serviços, em moeda nacional, com o CST indicando que o serviço foi prestado no exterior para fazer jus à isenção do ISS – Imposto sobre Serviços de qualquer Natureza.

Os documentos apresentados a seguir são aqueles que deverão ser providenciados e apresentados pelo exportador para as autoridades de controle das fronteiras do país e também que deverão ser enviados para seu cliente/importador para os trâmites legais de importação, de acordo com as normas específicas de seu país. Não é demais lembrar que, nas negociações de comércio exterior, sempre é preciso perguntar ao importador quais são os documentos de que ele precisa, em quantas vias deverão ser emitidos e de que forma deverão ser descritos os dados da negociação para que ele possa proceder ao desembaraço da carga em seu país sem problemas.

1. Saque/*Draft* – este é um documento financeiro emitido pelo exportador contra o importador, contendo uma ordem expressa de que o valor devido seja pago no prazo e local indicado ao beneficiário ou à sua ordem – neste último caso, mediante endosso. Os prazos para pagamento podem ser **determinados** ou **indeterminados**.

Prazo determinado – quando há uma data fixa para pagamento. Geralmente esta data é fixada contando "x" dias a partir da data do conhecimento de embarque.
Prazo indeterminado – quando não há uma data fixa para pagamento, como nas operações para pagamento à vista ou dias de vista ou ainda quando é fixada contando "x" dias da data do aceite da dívida pelo importador.

---

2. Fatura Comercial/*Commercial Invoice* – este é um documento comercial indispensável tanto para o bem sair do país do exportador como para entrar no país do importador, pois formaliza a transferência da propriedade da mercadoria do vendedor para o comprador. A fatura comercial deverá conter as principais características da operação de compra e venda, como os dados do exportador e do importador, a descrição da mercadoria, preços unitário e total, pesos líquido e bruto, a condição de venda e versão dos *Incoterms*® , a modalidade de pagamento, os dados do agente ou representante, pontos de embarque e desembarque, etc. Geralmente é exigido que a fatura comercial seja emitida no idioma do país importador ou em inglês. Segundo as normas da Câmara de Comércio Internacional, não há necessidade da assinatura do emissor na fatura comercial, mas na prática alguns países exigem que este documento seja assinado, como no Brasil.

3. Conhecimento de Embarque – também considerado indispensável para o embarque e desembarque da mercadoria, este documento comercial emitido pela empresa transportadora ou por seu agente representa o contrato de transporte ou o recibo da mercadoria entregue para transporte, conferindo ao consignatário a posse da mercadoria no destino. Em seu corpo, devem constar o nome do embarcador, o nome do consignatário, local de embarque e desembarque, bem como as informações de transbordos, o valor do **frete**, a quantidade de vias originais emitidas, declaração de que a mercadoria foi recebida a bordo, sem avarias, local e data da emissão e a assinatura do emissor.

> As formas de pagamento do frete podem ser:
> **Pré-pago**/*prepaid*: o frete deverá ser pago no momento do embarque da carga;
> **Pagável no destino**/*payable at destination*: o frete será pago no momento da chegada ou do desembarque da carga no destino;
> **A pagar**/*collect*: o frete poderá ser pago em lugar diverso do local do embarque ou desembarque, devendo o armador ser avisado sobre o pagamento para que possa liberar a mercadoria.

Nas operações de comércio exterior entre o Brasil e os países africanos de língua portuguesa, os conhecimentos de embarque a serem utilizados, obviamente por conta da localização geográfica em que se encontram estes países, serão:

Marítimo – Conhecimento de Embarque Marítimo – *Bill of Lading* ou BL, emitido em quantas vias originais e vias não negociáveis forem necessárias, podendo ter como principais portos de destino:
Angola: Benguela, Cabinda, Namibe, Lobito, Luanda.
Cabo Verde: Praia.
Guiné-Bissau: Bissau.
Moçambique: Beira, Maputo e Nacala.
São Tomé e Príncipe: Porto de Ana Chaves, na ilha de São Tomé.

Aéreo – *Air Waybill/AWB* – utilizado quando a carga é embarcada diretamente, ou *Master Air Waybill/MAWB* e *House Air Waybill/HAWB*, utilizados para cargas consolidadas, ou seja, de diversos exportadores, ou fracionadas que vão ser transportadas em um mesmo itinerário ou voo. Os principais aeroportos nos países africanos de língua portuguesa que operam voos internacionais são:
Angola: Aeroporto 4 de Fevereiro (LAD), situado em Luanda.
Cabo Verde: Aeroporto Internacional Amilcar Cabral (SID), também conhecido como Aeroporto Internacional de Sal ou Aeroporto Internacional de Espargos – localizado na Ilha do Sal, próximo à Vila de Espargos. Aeroporto Internacional da Praia (RAI) – localizado na Ilha de Santiago.
Guiné-Bissau: Aeroporto Internacional Osvaldo Vieira (OXB), situado em Bissau.
Moçambique: Aeroporto Internacional de Maputo (MPM), situado em Maputo.
São Tomé e Príncipe: Aeroporto Internacional de São Tomé (TMS), situado na Ilha de São Tomé.

4. Romaneio ou *Packing List* – neste documento são relacionadas as mercadorias embarcadas, detalhando o número de volumes, unidades em cada um deles, pesos, tamanhos, cores, marcas e tudo mais que se refere à carga. Emitido pelo exportador, sua principal função é facilitar o desembaraço aduaneiro durante o embarque e o desembarque, facilitando a conferência física dos bens adquiridos pelo importador, quando do seu recebimento.

5. Certificado de Origem/*Origin Certificate* – este documento é facultativo e a sua emissão geralmente é a pedido do importador, que precisa atestar a origem da mercadoria importada para fins de usufruir de acordos bilaterais entre o país exportador e o importador ou decorrentes de acordos multilaterais, assinados entre vários países ou blocos comerciais, como os acordos de preferência tarifária. Deve-se atentar para a diferença entre o país de procedência e o país de origem da mercadoria. País de origem é onde efetivamente a mercadoria foi produzida. Hoje, no entanto, dificilmente uma mercadoria é produzida utilizando-se somente insumos ou matérias-primas de origem local, como é o caso dos fabricantes de automóveis que, para montar um veículo, utilizam peças e acessórios produzidos em diferentes países. Nestes casos, nos acordos comerciais que preveem benefícios alfandegários ou tratamento especial às mercadorias adquiridas dos países signatários, as partes acertam qual o percentual dos insumos ou matérias-primas utilizadas para a fabricação dos bens que obrigatoriamente deverão ser de origem do país do exportador, para que o importador tenha direito ao tratamento especial.

A emissão dos certificados de origem é feita pelas instituições devidamente autorizadas e credenciadas pelas autoridades do país que tratam das operações de comércio exterior. No Brasil, por exemplo, as federações das indústrias são instituições autorizadas a emitir esses documentos. Os tipos de certificados de origem que são emitidos com mais frequência para serem encaminhados aos importadores de produtos brasileiros nos países africanos de língua portuguesa são:

Comum: emitido por exigência da legislação em vigor no país importador ou por exigência do próprio importador. A sua apresentação na alfândega não traz nenhum benefício de redução ou isenção de tributos ou algum tratamento especial, simplesmente certifica a origem da mercadoria.

SGPC: Sistema Global de Preferências Comerciais – *Global System of Trade Preferences* – este certificado de origem é uma das exigências estabelecidas pelo acordo assinado entre os países em desenvolvimento, conforme já mencionado no item sobre a UNCTAD, para que importadores se beneficiem da margem de preferência tarifária concedida por seu país, desde que o produto importado seja um dos contemplados para receber este incentivo. Para que este certificado seja emitido é necessário que se cumpram as Regras de Origem estabelecidas pelo país importador para que este conceda o benefício.

6. Certificado Fitossanitário: necessário nos casos em que as mercadorias negociadas são de origem vegetal ou animal. Este documento deve certificar a ausência de pragas a fim de prevenir, controlar a entrada de pragas em território nacional com objetivo de erradicar e evitar a disseminação de doenças nas lavouras e na pecuária. Estes certificados são exigidos tanto para a entrada como para a saída da mercadoria no país.

7. Certificado de Qualidade: este documento é exigido para certificar que os produtos negociados atendem aos requisitos internacionais exigidos por empresas especializadas que confirmam a qualidade do bem que está sendo embarcado ou do serviço que está sendo prestado. Algumas das certificações mais conhecidas mundialmente são as dos Sistemas de Gestão ISO 9001(qualidade), Sistema de Gestão ISO 14000 (meio ambiente), Sistema de Gestão OHSAS 18001 (segurança e saúde no trabalho) e Sistema de Gestão AS 8000 (responsabilidade social).

8. Apólice ou Certificado de Seguro de Transporte Internacional: a apólice ou o certificado de seguro do transporte internacional devem ser providenciados pelo exportador junto a uma companhia de seguros que formaliza a cobertura dos riscos dos transportes internacionais de carga, conferindo ao beneficiário, o importador, o direito de ressarcimento pelos sinistros ocorridos durante o percurso da carga e dentro de um prazo determinado no documento. Por motivos óbvios, este documento deverá ser emitido antes do embarque da mercadoria ou no máximo no mesmo dia em que a carga for embarcada.

O exportador está obrigado a providenciar a contratação do seguro de transporte internacional quando sua negociação com o importador definir que a condição de venda, ou seja, os *Incoterms*® negociados seja CIF – Custo, Seguro e Frete – *Cost, Insurance and Freight* ou CIP – Transporte e Seguros Pagos até – *Carriage and Insurance Paid to*.

9. Certificado de Análise: este documento é exigido para certificar a composição da mercadoria que está sendo negociada, se está de acordo com os critérios aceitáveis para uso naquele mercado ou pelo comprador. Neste certificado, o importador exige que haja informações como as especificações do método e o resultado dos testes, data da inspeção e o responsável pela análise, entre outros dados.

10. Certificações de Comércio Justo: estes certificados são exigidos para comprovar que os produtos oferecidos são orgânicos, que não foram utilizados meios de produção que tenham agredido o meio ambiente e a saúde dos consumidores e que obedecem aos princípios do *"fair trade"* – comércio justo que prega a não exploração dos recursos naturais e mão de obra de comunidades e até mesmo de países que têm estes fatores como único meio de sobrevivência. A *Fairtrade Labelling Organizations International – FLO* coordena este tipo de certificação, estabelecendo os critérios para a obtenção do selo *Fairtrade*.

11. Declaração de Livre Venda: este documento informa ao importador e ao seu país que a mercadoria negociada não tem restrições comerciais, fitossanitárias ou de qualquer outra natureza.

12. Outros documentos: de acordo com a necessidade e exigência do exportador, do importador e de seus países.

O COMPOSTO DE MARKETING NAS EXPORTAÇÕES

Nesta parte do livro, muitos princípios de marketing serão utilizados para se fazer compreender os principais pontos que deverão ser levados em consideração quando pretendemos fazer nossas vendas no exterior.

Muitos já estão familiarizados com os "4Ps" – Produto, Preço, Praça e Promoção, que são avaliados por uma empresa quando se pretende colocar um produto ou serviço no mercado, conhecidos como o "composto de marketing".

Em vez dos "4Ps" já citados, serão considerados em seus lugares os termos "Produtos e Serviços", "Política de Preço", "Canais de Distribuição" e "Comunicação".

Quando forem mencionados **Produtos e Serviços,** estaremos nos referindo às mercadorias e aos serviços que deverão ser oferecidos em outros países e quais são as principais preocupações que se deve ter para atender os nossos clientes no exterior.

A **Política de Preços** não tratará somente do preço que oferecemos aos nossos clientes, consideraremos ainda a moeda em que será feita a negociação, os prazos para pagamento, as modalidades de pagamento, a forma da entrega da moeda estrangeira. Neste ponto deverão ser observadas as políticas cambiais de cada país para que possamos cumprir com as exigências e trâmites legais para pagamentos e recebimentos em moeda estrangeira.

Quanto aos **Canais de Distribuição**, que substituem o "P de Praça" nos estudos de mercado, serão destacadas quais são as formas que temos para levar nossas mercadorias e serviços ao mercado externo e quem são os compradores dos bens e serviços, ou seja, nossos clientes em potencial.

E, por fim, **Comunicação**, que substitui o "P de Promoção", pois procurará abranger não só as possibilidades de promover os produtos e serviços que estão sendo oferecidos, mas as formas mais eficientes de divulgar e negociar os produtos e serviços no exterior.

É importante destacar que todos os pontos apresentados deverão estar muito bem ajustados no momento da negociação e é por este motivo que uma das fases mais difíceis para um empresário é a tomada de decisão para entrar no mercado internacional.

A tomada de decisão para atuar no mercado externo em geral é feita pelo dirigente da empresa com base nas informações coletadas sobre diversos aspectos e a avaliação dos recursos disponíveis pela empresa de curto, médio e longo prazos.

I. Mercadoria e Serviços – características, quantidade, exigências técnicas

As normas brasileiras permitem a exportação de praticamente todos os produtos e serviços produzidos ou fabricados, nacionais ou importados, excetuando-se aqueles considerados proibidos.

Quando analisamos a lista dos produtos brasileiros mais exportados para os países africanos da CPLP, nos deparamos com uma diversidade enorme que vai desde carnes em geral até calçados, bens de capital, móveis e bombons, no caso das exportações para Angola e Moçambique.

Mas será que o que se produz e consome no Brasil está pronto para se consumir naqueles países? Pode ser que sim, pode ser que não. Para se ter certeza do que oferecer aos nossos clientes, é necessário buscar informações sobre o quê eles estão querendo adquirir, levando-se em consideração alguns pontos como: quais necessidades do consumidor deverão ser atendidas, se o produto está adequado para ser consumido naquele mercado e quais são os hábitos de consumo daquele mercado.

Muitas vezes, as adequações do produto às necessidades do comprador são bem simples, como em relação às cores, uma pequena alteração nos modelos, nos tamanhos, na embalagem e que não vão requerer do fabricante nenhuma mudança radical no seu processo de produção. Mas, outras vezes, as exigências do comprador no exterior podem levar a empresa a mudanças bastante significativas em toda a sua estrutura produtiva. Sem esquecer que a concorrência também está querendo conquistar estes mercados, a avaliação das possibilidades que a empresa tem para atender as exigências do comprador devem ser honestas, para que depois não se surpreenda com desafios impossíveis de serem ultrapassados.

De modo geral, as informações a serem coletadas sobre os produtos e serviços oferecidos podem começar com a comparação deles com o que já se está sendo oferecido no mercado-alvo, como:

- Características técnicas do produto, como as matérias-primas utilizadas, modelagens, *designs*, cores, tamanhos, durabilidade, resistência, aparência, embalagem, praticidade no manuseio, entre outras.
- Situação dos direitos de patentes e licenças para produzi-los e comercializá-los. No caso de vendas de produtos fabricados pelo próprio exportador, é aconselhável que ele providencie os registros de suas marcas ou o registro de patentes, resguardando assim os seus direitos sobre o que está sendo comercializado. No Brasil, estes registros são de competência do INPI – Instituto Nacional da Propriedade Industrial, e os interessados devem entrar com os pedidos por meio de formulário próprio disponibilizado no site do instituto.
- Serviços pós-venda. Considerados um dos pontos que mais atraem o comprador, estes serviços acrescentam valor ao produto. São eles: instalação, manutenção, vistorias, reposição de peças, garantia de durabilidade, treinamento para o manuseio do produto e redes de contato.

Uma vez coletadas essas informações, deve-se avaliar se é possível fazer mudanças para atender às necessidades do comprador ou para atender aos padrões técnicos exigidos para consumo naquele país ou mercado e, no caso de produtos que precisam de licenças para comercializá-los, se estas foram devidamente providenciadas. Keegan (2005) diz que *"o desafio do marketing nos mercados de baixa renda da África não é estimular a demanda por produto, mas identificar as necessidades mais importantes da sociedade e desenvolver produtos que atendam a elas. Há muitas oportunidades para a criatividade em desenvolver produtos singulares, que atendam as necessidades dos habitantes dos países em desenvolvimento".*

O IPT – Instituto de Pesquisas Tecnológicas disponibiliza para as empresas exportadoras o Progex – Programa de Apoio Tecnológico à Exportação. Este programa tem como objetivo *"adequar os produtos às exigências técnicas de um determinado mercado externo para que a empresa possa exportá-los. Essas exigências usualmente se baseiam em regulamentos e diretivas ou normas técnicas, que especificam padrões mínimos que o produto deve atender para entrar no mercado-alvo"*[2]. Conheci diversas empresas que foram atendidas por esse programa e o resultado não poderia ter sido melhor. Hoje elas marcam sua presença no mercado internacional exportando os mais variados tipos de produtos com qualidade e atendendo aos padrões técnicos internacionais.

II. Política de Preços

Os fatores considerados para a formação do preço do produto ou serviço a ser exportado não se limitam aos custos e despesas de produção acrescidos da margem de lucro, mas também atendem aos prazos para pagamento, à escolha da moeda estrangeira e aos meios de pagamentos utilizados nas transações internacionais a serem negociadas de acordo com as normas e legislação dos países exportadores e importadores.

Formação do Preço para Exportação

Não é raro que empresas que estão começando a atuar no mercado externo, ao fornecer o preço de sua mercadoria ou serviço, simplesmente façam a conversão do valor que é praticado no mercado interno pelo valor em moeda estrangeira, geralmente para o dólar norte-americano, pensando assim que estão fazendo um ótimo negócio. Certamente, em algum momento vão perceber que esta não é a melhor maneira de se dar um preço para seus clientes no exterior, uma vez que, para exportar, há outros fatores que devem ser considerados para a formação do preço de exportação.

---

[2] Fonte: www.ipt.br. Acesso em 28.04.2012.

Outra forma errada de fornecer um preço para seu cliente no exterior é "copiar" o preço que outras empresas estão praticando em suas exportações, pela simples razão de que cada empresa tem seus próprios custos e despesas para produzir e comercializar os seus produtos, além de que muitas outras variáveis deverão ser consideradas de acordo com o que foi acertado com o seu cliente.

A seguir, serão apresentados os principais fatores que deverão ser considerados para a formação do preço de exportação.

Tratamento Tributário para Mercadorias Exportadas: na pauta de produtos brasileiros que são exportados, poucos estão sujeitos ao recolhimento do imposto de exportação. Na Portaria nº 23 da SECEX, de julho de 2011, constava que a exportação de cigarros contendo fumo-tabaco estava "sujeita ao pagamento de 150% (cento e cinquenta por cento) de imposto de exportação, quando destinada à América do Sul e América Central, inclusive Caribe, ressalvadas as hipóteses de isenção previstas em lei. (Decreto nº 2.876, de 14 de dezembro de 1998). (Redação dada pela Portaria SECEX nº 36, de 2011)".

Além dos cigarros, na mesma portaria constava que peles em bruto de ovinos, bovinos, equídeos e outras peles em bruto estavam sujeitas ao pagamento de 9% (nove por cento) de imposto de exportação para qualquer destino no exterior (Resolução nº 2.136, de 28 de dezembro de 1994 do Conselho Monetário Nacional, com redação dada pela Circular nº 2.767, de 11 de junho de 1997, do Banco Central do Brasil, Resolução CAMEX nº 42, de 19 de dezembro de 2006).

Sendo assim, para a maioria dos produtos a serem exportados não há a incidência do imposto de exportação e os impostos relacionados a seguir, conforme já mencionado quando tratamos da emissão das notas fiscais, também não serão considerados para o cálculo do preço de exportação, uma vez que a empresa exportadora de bens e serviços é beneficiada com a suspensão ou isenção de seus pagamentos. São eles:

- IPI – Imposto sobre Produtos Industrializados;
- ICMS – Imposto sobre a Circulação de Mercadorias e Prestação de Serviços;
- PIS/PASEP – Programas de Integração Social e de Formação do Patrimônio do Servidor Público;
- COFINS – Contribuição para o Financiamento da Seguridade Social;

- ISS – Imposto sobre Serviços de qualquer Natureza;
- IR – Imposto de Renda incidente nas remessas, para o exterior, destinadas exclusivamente ao pagamento de despesas relacionadas com pesquisa de mercado para produtos de exportação; participação em feiras, exposições e eventos semelhantes e propagandas realizadas no âmbito desses eventos.

Os demais impostos, tarifas e taxas incidem normalmente sobre os bens ou serviços exportados, como o Imposto de Renda (IR) não relacionado aos casos citados acima e a Contribuição Social Sobre o Lucro (CSSL).

***Incoterms*® – Termos Internacionais de Comércio:** Desde janeiro de 2011, estão em vigor as Condições Internacionais de Compra e Venda – *Incoterms*® 2010, Publicação 715 da Câmara de Comércio Internacional, onde constam as regras que determinam as obrigações, deveres, custos e riscos dos exportadores e importadores em relação à entrega da mercadoria.

Embora a adoção dessas regras seja facultativa, elas são usadas globalmente, uma vez que dão amparo às disputas comerciais que porventura venham ocorrer entre os negociantes, além de facilitar o entendimento sobre as responsabilidades de cada uma das partes.

Mas qual é a importância das condições de venda, ou seja, dos *Incoterms*® para a formação do preço de exportação?

É muito importante, porque, dependendo da condição de venda negociada, os custos e despesas para embarcar a mercadoria podem variar, e o exportador deve levar em consideração esses valores para fornecer o preço da mercadoria negociada ao seu cliente no exterior.

Atualmente são onze as condições de venda negociáveis e, uma vez definido qual será aplicado na operação, este deve constar nos contratos internacionais de compra e venda celebrados entre o vendedor e comprador, especificando ainda qual é a versão dos *Incoterms*® que dará amparo ao negócio fechado. Pode-se dizer que uma mercadoria pode ter 11 preços diferentes para exportação, se considerarmos todos os *Incoterms*® que constam nas regras atuais da CCI.

Lunardi (2011) comenta que, para escolher a condição de venda ideal para a negociação, os exportadores e importadores devem levar em consideração o tipo de mercadoria; se estão dispostos a assumir mais ou menos responsabilidades ou ainda se estão capacitados a assumir tais responsabilidades quanto à contratação do transporte, aos pagamentos dos direitos aduaneiros tanto no país do exportador como no país do importador, aos prazos para pagamento, aos costumes locais e às barreiras geográficas, se há restrições ou incentivos governamentais e outros aspectos. Na versão atual, os *Incoterms*® estão divididos em dois grupos:

1. Utilizados em qualquer modalidade de transportes, inclusive multimodal;
2. Utilizados em transportes marítimos e águas internas (fluvial e lacustre).

No primeiro grupo estão os *Incoterms*®:
EXW – Ex Works – na origem.
FCA – Free Carrier – livre no transportador.
CPT – Carriage Paid To – transporte pago até.
CIP – Carriage and Insurance Paid To – transporte e seguro pagos até.
DAT – Delivered at Terminal – entregue no terminal.
DAP – Delivered at Place – entregue no local.
DDP – Delivered Duty Paid – entregue com direitos pagos.

No segundo grupo estão os *Incoterms*®:
FAS – Free Alongside Ship – livre ao longo do costado do navio.
FOB – Free on Board – livre a bordo.
CFR – Cost and Freight – custo e frete.
CIF – Cost, Insurance and Freight – custo, seguro e frete.

Em linhas gerais, as condições de venda determinam que:
EXW – *Ex Works* – na origem: a mercadoria e a fatura comercial serão entregues pelo exportador ao importador em suas instalações, podendo ser na fábrica ou outro estabelecimento, sem carregamento e sem o desembaraço de exportação. Caberá ao importador providenciar a retirada da mercadoria e os procedimentos para embarque e desembaraço da carga junto aos órgãos responsáveis. Embora a responsabilidade do exportador seja mínima, cabe a ele dar toda a assistência necessária ao importador no que se refere à obtenção de autorizações, certificados e licenças que porventura venham a ser solicitadas pelas autoridades

aduaneiras e comprovar por meio da averbação da DDE – Declaração de Despacho de Exportação que as mercadorias foram efetivamente exportadas.

FCA – Free Carrier – livre no transportador: cabe ao exportador entregar a mercadoria à empresa transportadora designada pelo importador, devidamente carregada e desembaraçada para exportação. O importador passará a ser responsável pela armazenagem e manuseio da carga a partir do momento em que o exportador entregou a carga para a transportadora. Os documentos que comprovam o embarque deverão ser entregues ao importador conforme os termos do contrato de compra e venda celebrado entre as partes.

O pagamento do frete e do seguro do transporte internacional é de responsabilidade do comprador, bem como os demais custos a partir deste momento. Utiliza-se esta condição de venda nos transportes marítimos nos casos em que a mercadoria é transportada em containeres ou em navios *roll-on roll-off*, uma vez que a carga é entregue no terminal, antes de entrar no navio.

CPT – Carriage Paid To – transporte pago até: similar ao FCA, esta condição de venda acrescenta às responsabilidades do exportador o pagamento dos custos de transporte para levar a carga até o local de destino designado pelo importador.

CIP – Carriage and Insurance Paid To – transporte e seguro pagos até: similar ao CPT, esta condição de venda acrescenta às responsabilidades do exportador o pagamento dos custos para a contratação e pagamento do prêmio do seguro do transporte internacional da carga.

DAP – Delivered at Place – entregue no local: nesta condição de venda, o exportador se responsabiliza por entregar a mercadoria no local de destino designado pelo importador, desembaraçada para exportação e pronta para ser descarregada, quando cessa a sua responsabilidade sobre a carga. A partir deste momento, caberá ao importador providenciar o descarregamento e o desembaraço de importação da carga. Os documentos que comprovam o embarque deverão ser entregues ao importador conforme os termos do contrato de compra e venda celebrado entre as partes.

DAT – *Delivered at Terminal* – entregue no terminal: nesta condição de venda, a responsabilidade do exportador é entregar a mercadoria no terminal do porto ou em local designado pelo importador, desembaraçada para exportação e descarregada, quando cessam as suas obrigações em relação à entrega da carga. Ao importador cabe a responsabilidade de providenciar o desembaraço de importação ou o pagamento de qualquer direito de importação. O exportador não tem obrigação de contratar e pagar o frete e o seguro do transporte internacional, ficando estes a cargo do importador. Os documentos que comprovam o embarque deverão ser entregues ao importador conforme os termos do contrato de compra e venda celebrado entre as partes.

DDP – *Delivered Duty Paid* – entregue com direitos pagos: nesta condição de venda, o exportador deve entregar a mercadoria desembaraçada para exportação, pronta para ser descarregada, desembaraçada para importação e com todos os pagamentos dos direitos de importação no destino. Neste caso o vendedor tem obrigação máxima, devendo ficar atento ao negociar este *Incoterms®*, pois todos os custos e responsabilidades sobre a carga desde a sua origem até o ponto de destino são por sua conta.

FAS – *Free Alongside Ship* – livre ao longo do costado do navio: esta condição de venda é utilizada somente quando o transporte da mercadoria é feito por navios, conforme o próprio nome já diz. A responsabilidade do exportador é entregar a mercadoria desembaraçada para exportação ao lado do navio, ou seja, ao longo do costado do navio, no cais do porto designado ou em outro tipo de embarcação que levará a carga até ao lado do navio que fará o transporte internacional, uma vez que este, devido ao seu porte, não consegue atracar no cais do porto de embarque. Cabe ressaltar que, nesses casos, o custo para levar a carga até o costado do navio é do exportador e a sua responsabilidade sobre a carga cessa nesse momento, passando a ser do importador. Os documentos que comprovam o embarque deverão ser entregues ao importador conforme os termos do contrato de compra e venda celebrado entre as partes. O pagamento do frete e do seguro do transporte internacional é de responsabilidade do comprador, bem como os demais custos a partir deste momento.

FOB – *Free on Board* – livre a bordo: nesta condição de venda, a mercadoria é entregue pelo exportador a bordo do navio, no porto designado pelo importador, desembaraçada para exportação, quando então cessa a sua responsabilidade sobre a carga. Os documentos que comprovam o embarque deverão ser entregues ao importador conforme os termos do contrato de compra e venda celebrado entre as partes. O pagamento do frete e do seguro do transporte internacional é de responsabilidade do comprador, bem como os demais custos a partir deste momento.

CFR – *Cost and Freight* – custo e frete: similar ao FOB, esta condição de venda acrescenta às responsabilidades do exportador o pagamento dos custos para transportar a carga até o porto de destino designado pelo importador, ou seja, é de sua responsabilidade o pagamento do frete internacional.

CIF – *Cost, Insurance and Freight* – custo, seguro e frete: similar ao CFR, esta condição de venda acrescenta às responsabilidades do exportador o pagamento dos custos para a contratação e pagamento do prêmio do seguro do transporte internacional da carga.

Em relação às exportações brasileiras, não há nenhuma restrição quanto à escolha dos *Incoterms*® nas negociações internacionais, no entanto, é preciso verificar se os países africanos da CPLP, com suas normas, também permitem que sejam considerados os 11 *Incoterms*® em suas negociações internacionais.

O cálculo do preço de exportação: Atualmente, pode-se encontrar diversos programas, planilhas e simuladores que calculam o preço de exportação, facilitando a vida do exportador. Certamente que as empresas devem adaptá-los à sua realidade, pois, conforme já mencionado, cada empresa tem suas próprias despesas e custos para produzir e comercializar. Abaixo, está reproduzida uma planilha extraída do simulador disponível pelo governo brasileiro na série "Aprendendo a Exportar", do Ministério do Desenvolvimento, Indústria e Comércio Exterior. A planilha considera a condição de venda *DDP – Delivered Duty Paid*, que é aquela em que o exportador assume todos os custos e riscos para entregar a mercadoria no local designado no país do importador. Obviamente que essa planilha pode ser adaptada conforme os termos das negociações feitas entre comprador e vendedor.

Preço de Mercado Interno sem IPI: R$ ☐

Componentes do preço no Mercado Interno

(−) ICMS: ☐ % R$ ☐

(−) COFINS: ☐ % R$ ☐

(−) PIS: ☐ % R$ ☐

(−) Outros Tributos: ☐ % R$ ☐

(−) Lucro de mercado Interno: ☐ % R$ ☐

(−) Embalagem de Mercado Interno: R$ ☐ R$ ☐

(−) Comissão de vendedor no mercado interno: R$ ☐ R$ ☐

(−) Despesas de propaganda no mercado interno: R$ ☐ R$ ☐

(−) Despesas de distribuição de mercado interno: R$ ☐ R$ ☐

(−) Outras despesas que não incidirão no mercado externo: R$ ☐ R$ ☐

(=) SUBTOTAL – Componentes do Preço de Mercado Interno: R$ ☐

Componentes do preço na Exportação

(+) Embalagens: R$ ☐ R$ ☐

(+) Carregamento: R$ ☐ R$ ☐

(+) Transporte Interno: R$ ☐ R$ ☐

(+) Desembaraço aduaneiro na exportação: R$ ☐ R$ ☐

(+) Despesas portuárias: R$ ☐ R$ ☐

(+) Despesas aeroportuárias: R$ ☐ R$ ☐

(+) Aluguel do container: R$ ☐ R$ ☐

(+) Transporte e seguro do container até o costado do navio: R$ ☐ R$ ☐

(+) Carga, descarga e estadia do container: R$ ☐ R$ ☐

(+) Capatazia e taxas portuárias: R$ ☐ R$ ☐

(+) Seguro internacional: R$ ☐ R$ ☐

(+) Frete internacional: R$ ☐ R$ ☐

(+) Descarregamento da mercadoria no porto de destino: R$ ☐ R$ ☐

(+) Transporte interno no país de destino: R$ ☐ R$ ☐

(+) Desembaraço aduaneiro na importação: R$ ☐ R$ ☐

(+) Outras despesas: R$ ☐ R$ ☐

(=) **SUBTOTAL – Componentes do Preço na Exportação:** R$ ☐

(=) **CUSTO TOTAL:** R$ ☐

(+) Lucro desejado na exportação: % R$

(=) Preço DDP em moeda nacional: R$

PREÇO EM DÓLARES AMERICANOS

Taxa Cambial: R$

(=) Preço DDP em dólares: US$

Prazo para pagamento: afora as considerações quanto à vida útil do bem que está sendo negociado, assim como em relação ao tempo em que um serviço será prestado, o acerto do prazo para pagamento deve levar em consideração as normas governamentais vigentes no país exportador e no importador que dizem respeito aos prazos para a contratação e liquidação das operações cambiais, uma vez que as vendas serão feitas em moeda estrangeira e consequentemente deverá ser feita a conversão da moeda estrangeira recebida em moeda nacional.

No Brasil, o RMCCI – Regulamento do Mercado de Câmbio e Capitais Internacionais, na sua versão de julho de 2012, determinava que as empresas exportadoras tinham 750 dias para contratar e liquidar uma operação de câmbio de exportação, sendo 360 dias antes e 390 dias depois do embarque da mercadoria[3]. Isso não significa que as exportações brasileiras não possam ser vendidas para pagamento com prazos superiores ao que determina a norma do governo. Quando o prazo ultrapassa um determinado número de dias, considera-se que é uma exportação financiada e que, portanto, terá um tratamento administrativo específico para esses casos[4].

É importante atentar ao fato de que a data de embarque no modal marítimo é a data do conhecimento de embarque (*BL – Bill of Lading*) e a data de embarque no transporte aéreo é a data do voo que transportou a carga e que deverá constar no conhecimento de embarque aéreo (*AWB – Air Waybill*).

O pagamento de uma exportação pode ser estabelecido em parcelas, por exemplo, 10% antes do embarque da mercadoria, 40% na entrega dos documentos comerciais e os 50% restantes pagos em até 40 dias a partir

---

[3] Estes prazos são determinados pelo Banco Central do Brasil de acordo com as políticas econômica, monetária e cambial do país no momento. Portanto, torna-se obrigatório consultar os regulamentos vigentes no momento das negociações comerciais internacionais.

[4] Em capítulo específico trataremos sobre os aspectos cambiais das exportações.

da data de embarque. Ou ainda, em parcelas iguais e consecutivas, como 3 parcelas de "x", com o prazo para pagamento de até 30, 60 e 90 dias a partir da data de embarque.

A periodicidade dessas parcelas também varia de acordo com a negociação, podendo ser mensais, trimestrais, semestrais, etc. Há linhas de crédito para operações de comércio internacional que ainda consideram um período de carência para iniciar o pagamento da dívida.

Moeda estrangeira:
Já foi o tempo em que o Brasil selecionava rigorosamente quais as moedas estrangeiras que seriam usadas nas suas negociações internacionais. Nas décadas anteriores, as moedas conversíveis, ou seja, aquelas aceitas para serem compradas e vendidas pelas instituições autorizadas pelo Banco Central do Brasil no mercado brasileiro, basicamente eram o dólar dos Estados Unidos, a libra esterlina, o iene japonês e algumas outras moedas de países europeus. Com a adoção do euro por alguns dos países que pertencem à União Europeia, essa moeda passou a ser negociada normalmente pelos agentes autorizados. Mas a maioria das operações de câmbio tradicionalmente era feita com dólares dos Estados Unidos.

Hoje, não podemos afirmar isto, pois se observa que os agentes autorizados a comprar e vender moeda estrangeira no país aceitam negociar diversas moedas, desde que estas sejam negociáveis internacionalmente.

Mas, no caso dos negócios fechados com os países africanos da CPLP, dificilmente encontraremos bancos que atuam no mercado brasileiro de câmbio dispostos a comprar e vender as moedas correntes daqueles países.

Sendo assim, enquanto o mercado não apontar segurança em negociar o kwanza de Angola, o escudo de Cabo Verde, o franco CFA[5] de Guiné-Bissau, o metical de Moçambique e a dobra de São Tomé e Príncipe, pode-se optar entre o dólar dos Estados Unidos e o euro.

Nunca é demais lembrar que cada país tem sua própria política cambial e pode determinar qual é a moeda em que seus negócios devem ser feitos.

---

[5] Franco CFA – Franco da Comunidade Financeira Africana, moeda única adotada pelos países que fazem parte da UMOA – União Africana do Oeste Africano (também conhecida como UEMOA – *Union Économique et Monétaire Ouest Africaine* – União Econômica e Monetária Oeste-Africana).

Modalidades de pagamentos:
As modalidades de pagamentos ou modalidades de transação são os meios pelos quais o importador fará o pagamento do valor de sua compra no exterior ao seu fornecedor, que é o exportador.

A escolha da modalidade de pagamento, além de observadas as normas governamentais, implica basicamente na confiança entre o vendedor e comprador, e esta confiança só é adquirida com o tempo e conhecimento de seus parceiros.

Embora se possa criar a cada dia novos meios de pagamentos no comércio internacional, os comumente utilizados são:

Pagamento antecipado: esta escolha significa que o importador deverá providenciar o pagamento da compra que está fazendo antes mesmo da mercadoria ser embarcada no país do exportador. Portanto, o risco maior é do importador, que vai honrar o seu compromisso financeiro, solicitando a um banco que envie o valor de sua compra ao seu fornecedor, sem ter certeza de que irá receber a mercadoria comprada ou o serviço contratado. Por exemplo, corre-se o risco de receber um produto diferente daquilo que foi oferecido em relação às suas características, quantidade, qualidade e padrões técnicos exigidos por seu país. Ou, pior ainda, a entrega pode nunca ser feita.

Cabe ao fornecedor/exportador, tão logo receba o valor de sua venda, providenciar o embarque da mercadoria dentro do prazo combinado com o seu cliente. O pagamento antecipado pode ser pelo valor total do bem ou serviço adquirido ou parte do valor a ser pago.

As normas cambiais brasileiras vigentes em julho de 2012 permitiam que o exportador recebesse o valor antecipado pela sua exportação com um prazo bastante generoso, inclusive permitindo que fossem pagos juros ao importador por estar de certa forma "financiando" a produção.

Remessa direta de documentos ou Remessa sem saque: se no pagamento antecipado o importador deve conhecer e confiar muito em seu fornecedor, nesta modalidade de pagamento, quem precisa conhecer e confiar no seu parceiro é o vendedor/exportador, uma vez que este meio de pagamento implica na entrega da mercadoria ao comprador antes do recebimento do valor negociado.

Isso significa que o exportador deve providenciar a mercadoria de acordo com o que foi negociado com seu cliente, cumprir com todos os trâmites e procedimentos para embarque e desembaraço alfandegário de exportação e encaminhar os documentos que serão necessários para que o importador faça o desembaraço de importação da carga em seu país.

Após o desembaraço da carga no país de destino, o importador deverá providenciar o pagamento de sua compra ao seu fornecedor/exportador.

Uma maneira que o exportador tem para se resguardar contra os riscos de não recebimento do valor exportado é enviar um saque/*draft* ao importador, antes de embarcar a mercadoria, para que ele, por meio de uma declaração e assinatura, reconheça a sua dívida e declare que a honrará no devido prazo combinado. Após dar esse aceite, o importador devolverá esse documento ao exportador que o manterá guardado e providenciará os trâmites para embarcar a mercadoria. Caso o importador não pague a sua dívida, o exportador poderá entregar o saque/*draft* a um banco para que este inicie o processo de "cobrança limpa", outra modalidade de pagamento que será apresentada em seguida. Outra forma de se resguardar contra possíveis "calotes" é a contratação de um seguro de crédito de exportação junto a uma seguradora devidamente habilitada e reconhecida em seu país.

Observa-se que, nessas duas modalidades de pagamento apresentadas até o momento, as responsabilidades e deveres são do exportador e importador. Para os pagamentos e recebimentos certamente haverá bancos intermediando as operações, mas esses bancos não têm nenhuma responsabilidade ou dever em relação ao cumprimento ou não do que foi acordado entre as partes.

Nas duas modalidades seguintes, os deveres e responsabilidades do exportador, do importador e das instituições financeiras envolvidas no processo são divididos de alguma forma, o que pode diluir de certo modo os riscos do comprador e vendedor. São elas:

Cobrança documentária: neste meio de pagamento, cada parte envolvida no processo tem obrigações e deveres que deverão ser observados e cumpridos e, caso isso não ocorra, o prejuízo que venha a ocorrer será arcado por aquele que não cumpriu a sua parte. A CCI – Câmara de Comércio Internacional reconhece este meio de pagamento e criou regras e normas específicas para as cobranças documentárias, que normalmente são adotadas pelas partes envolvidas, pois, em caso de desentendimento, usa-se essas regras como parâmetro para a solução do problema. A versão mais recente e em vigor da publicação da CCI é a URC 522 de 1995. As partes intervenientes de uma cobrança documentária são:

Cedente: é o exportador, que outorga o processamento da cobrança do valor de sua venda a um banco de sua confiança;

Sacado: é o importador ou aquele a quem será feita a apresentação da cobrança conforme as instruções recebidas do cedente/exportador;

Banco remetente: é o banco ao qual o cedente/exportador outorgou o processamento da cobrança;

Banco cobrador: é o banco que, a pedido do banco remetente, participará do processamento da cobrança junto ao importador;

Banco apresentador: é o banco cobrador que apresentará a cobrança ao sacado.

Denomina-se **"cobrança limpa"** quando somente documentos financeiros são encaminhados ao banco cobrador para que este cumpra os procedimentos de cobrança conforme as instruções recebidas. Os documentos financeiros são os saques, notas promissórias, cheques ou outros documentos semelhantes utilizados na obtenção do pagamento do valor negociado. Na "cobrança limpa", os documentos comerciais, ou seja, a fatura comercial, o conhecimento de embarque, o certificado de origem e outros são encaminhados pelo exportador diretamente ao importador.

Afora em situações já descritas, pode-se utilizar a "cobrança limpa" nos casos em que o exportador e o importador negociaram a modalidade de pagamento "remessa direta de documentos" e, por algum motivo, o importador não cumpriu com a sua obrigação de providenciar o pagamento ao seu fornecedor. Nesse caso, como os documentos comerciais já foram enviados diretamente ao importador, o exportador emite um saque com o valor da dívida e prazo para pagamento e o encaminha para cobrança por meio de um banco de sua confiança com instruções, inclusive, para que seja protestado em caso de não pagamento.

Outra forma é a **"cobrança documentária"** que se caracteriza pelo envio dos documentos comerciais, juntamente com os documentos financeiros ou não, ao importador por meio do banco remetente, ou seja, o exportador providencia os procedimentos para embarque e desembaraço da mercadoria para exportação, junta todos os documentos comerciais originais e os apresenta ao banco remetente com instruções para que seja feita a cobrança conforme as normas da Câmara de Comércio Internacional, inclusive com instruções para protestar ou não o importador, por não pagamento das operações à vista ou aceite do pagamento da dívida no caso das operações a prazo.

Neste meio de pagamento, os bancos que participam do processo devem observar muito bem quais são seus deveres e obrigações, sob o risco de ter que arcar com os prejuízos decorrentes pelo não cumprimento das instruções previstas para as suas funções, mas é importante ressaltar que os bancos não são responsáveis pelo pagamento ao exportador do valor cobrado caso o importador não o faça.

Pode-se perguntar: qual a vantagem desta modalidade de pagamento para o exportador? A resposta é que, mesmo os bancos não sendo responsáveis pelo pagamento ao exportador, no caso do importador se negar ou ignorar as cobranças, os riscos diminuem para o exportador porque as normas e regras da Câmara de Comércio Internacional determinam que os bancos devem observar o seguinte:

1. Se a cobrança for à vista: os documentos comerciais originais só devem ser entregues ao importador após o efetivo pagamento de sua dívida com o exportador, ou seja, se ele não fizer o pagamento, não receberá os documentos necessários para providenciar o desembaraço da carga. Se por acaso ele desistir da carga, resta ainda a possibilidade do exportador renegociá-la ou até mesmo trazê-la de volta ao seu país, mesmo que esta operação já tenha apresentado certo prejuízo;
2. Se a cobrança for a prazo, o banco cobrador somente poderá entregar os documentos originais ao importador após ele dar o "aceite no saque", ou seja, reconhecer que tem uma dívida e que esta será paga na data negociada com o seu fornecedor. Uma vez que o importador deu o aceite no saque, o banco entrega os documentos comerciais para que ele providencie o desembaraço da carga e aguarda a data do vencimento da dívida para cobrá-lo. Se, por algum motivo, o importador não honrar a dívida, se o exportador deu instrução de protesto do saque, o banco cobrador deverá cumprir esta instrução ou qualquer outra recebida do exportador.

O risco do não pagamento por parte do importador sempre existirá, mas de alguma forma esse risco é diminuído para o exportador quando ele opta por enviar os documentos comerciais originais por meio de um banco e não diretamente ao importador.

Vale Postal Eletrônico – Internacional: este meio de pagamento é utilizado somente pelos Correios e de acordo com as normas cambiais brasileiras. Consiste em confiar a esta instituição as cobranças e os recebimentos dos valores referentes às exportações e importações que normalmente são feitas via postal.

A principal vantagem para as empresas que optam por esta modalidade de pagamento é que os trâmites e rotinas referentes à contratação de câmbio, ou seja, para a conversão de moeda estrangeira em moeda nacional, ficam por conta dos Correios.

As restrições deste meio de pagamento são em relação aos limites de valores para recebimento, pois estes são determinados pelos acordos bilaterais firmados entre o Brasil e o país de destino ou de origem da mercadoria. Até julho de 2012 os convênios bilaterais assinados entre o Brasil e os países de africanos da CPLP em vigor eram com **Angola**, mas somente para envio de valores limitados a USD 1000,00 no máximo e com **Cabo Verde** para envio e recebimento de valores limitados a USD 500,00 no máximo.

Cartão de crédito internacional: este meio de pagamento é aceito pelo Banco Central do Brasil para os pagamentos e recebimentos das operações de comércio internacional. Os procedimentos são os já conhecidos pelas empresas quando aceitam cartão de crédito para recebimento de suas vendas, ou seja, fornecer à administradora do cartão os dados de seus clientes para que sejam feitas as cobranças de acordo com as normas vigentes em cada país.

A vantagem desta modalidade é que a responsabilidade pelos procedimentos e rotinas cambiais é da administradora do cartão de crédito. A desvantagem é em relação à taxa de administração cobrada pela administradora, geralmente alta, apesar de negociável. Nesse caso, antes de aceitar o pagamento por meio de cartão de crédito internacional, é preciso fazer as contas e comparar o que é mais vantajoso para a empresa: pagar a taxa de administração para a administradora do cartão de crédito internacional ou optar por outra modalidade de pagamento em que os procedimentos cambiais fiquem por conta da empresa, mas tendo que arcar com os custos e tarifas bancárias, que também são negociáveis.

Carta de Crédito: podemos considerar que, entre as modalidades de pagamentos apresentadas, a carta de crédito é aquela em que exportador e importador correm menos riscos, uma vez que as partes envolvidas neste processo de pagamento e recebimento têm obrigações e deveres determinados e normatizados pela CCI – Câmara de Comércio Internacional, sendo que a versão mais recente é a de UCP 600 de 2007.

Quando a opção do meio de pagamento de uma operação de comércio internacional é carta de crédito, significa que o importador deve apresentar uma proposta de emissão de uma carta de crédito a um banco de sua confiança. Esse banco, após serem feitas todas as análises para a concessão de crédito e constituídas todas as garantias necessárias, emite a carta de crédito no valor da operação apresentada pelo importador, a favor do exportador, e se compromete a honrar a dívida de seu cliente desde que o exportador cumpra com todas as exigências que o crédito apresenta.

Uma vez recebida a carta de crédito, o exportador deve verificar se todos os termos e condições apresentados no documento estão de acordo com o que foi negociado com o importador e, se algum termo não estiver de acordo com o que foi negociado, deve-se solicitar uma **"emenda"** da carta de crédito alterando ou corrigindo aquilo que estava em desacordo. Se o exportador não cumprir qualquer exigência contida na carta de crédito, se diz que houve uma discrepância e, sendo assim, a garantia do banco que emitiu a carta de crédito de que honraria a dívida do importador deixa de existir.

Em muitos casos, o banco emissor, antes de emitir a carta de crédito, envia ao exportador um documento com os termos e condições da carta de crédito a ser emitida. Este documento denominado de **"pré-aviso"** possibilita que o exportador verifique se os dados que constarão na carta de crédito estão de acordo com o que foi negociado com o seu cliente, evitando assim a emissão de emendas. As principais partes integrantes de uma operação amparada com carta de crédito são:

Tomador: importador que apresenta a proposta de abertura da carta de crédito a um banco de sua confiança;

Banco emissor: banco que recebe a proposta de abertura da carta de crédito e que, após análise, emite o documento a favor do beneficiário;

Beneficiário: exportador que receberá a carta de crédito e providenciará o embarque da mercadoria conforme os termos e condições da carta de crédito;

Banco avisador: banco que receberá a carta de crédito do banco emissor e que tem como obrigação entregá-la ao exportador;

Banco confirmador: este banco é o avalista do banco emissor, uma vez que ao confirmar o crédito emitido, ele se responsabiliza pelo pagamento caso o banco emissor não o faça;

Banco negociador: banco que receberá os documentos comprobatórios do embarque da mercadoria exigidos pela carta de crédito e, após verificar e analisar se todos os termos do crédito foram cumpridos pelo exportador, os remete ao banco emissor solicitando o pagamento do valor faturado, conforme as instruções recebidas. Este banco pode ser designado pelo banco emissor do crédito ou pode ser qualquer outro banco escolhido pelo exportador.

As cartas de crédito podem apresentar características e cláusulas especiais previstas nas regras da Câmara de Comércio Internacional, inclusive já há regulamentação para a negociação bancária dos documentos amparados em carta de crédito por meio eletrônico, a eUCP.

III. Canais de Distribuição

O "P" de "Ponto" do composto de marketing aqui será substituído por **canais de distribuição**, ou seja, os meios pelos quais uma empresa pode vender o seu produto no mercado externo.

Quando todo o processo da exportação, desde o estudo do mercado-alvo, a negociação, a obtenção das habilitações e credenciamentos para exportar, até o cumprimento de todos os trâmites e rotinas para o embarque da mercadoria, é feito diretamente pela empresa produtora ou fornecedora do produto, se diz que está sendo feita uma **Exportação Direta**.

Quando a empresa opta por este canal de distribuição, os procedimentos para exportar podem ser feitos por uma equipe dentro da própria empresa ou podem ser contratados os serviços de terceiros que, em seu nome, cumprirá total ou parcialmente com as etapas necessárias para a exportação. Geralmente, as empresas exportadoras não só mantêm uma equipe apta a cumprir com esses procedimentos como também mantêm empresas prestadoras de serviços especializados para atendê-la em caso de necessidade.

Observa-se que boa parte das empresas prefere manter contratos com empresas de despachos aduaneiros, uma vez que estes serviços prestados pelo **despachante aduaneiro** requerem muito conhecimento e especialização para proceder aos despachos das mercadorias junto às áreas alfandegadas do país. Sendo assim, ao eleger um despachante aduaneiro como seu representante legal junto aos órgãos competentes no país, a empresa deve ser cautelosa e buscar informações sólidas em relação ao contratado.

Mesmo mantendo uma equipe de vendedores capacitados a oferecer seus produtos para possíveis importadores, geralmente representados por distribuidores, atacadistas e varejistas, muitas vezes as empresas exportadoras preferem contratar os serviços de agentes ou representantes no exterior para que estes façam a venda de seus produtos, uma vez que estes profissionais conhecem ou estão sediados nos países-alvo, o que facilita a identificação dos consumidores em potencial, suas necessidades e hábitos de consumo.

Esses agentes ou representantes são remunerados por meio de uma comissão denominada de **comissão de agente**. Os normativos brasileiros de comércio internacional e câmbio preveem o pagamento da comissão de agente pelo exportador. Essa comissão representa um percentual sobre o valor FOB/FCA da mercadoria e deve ser paga ao agente somente após o efetivo recebimento do valor da operação pago pelo importador. Há três formas de pagamento da comissão de agente:

A remeter: após o recebimento do valor pago pelo importador, o exportador deve providenciar o envio do valor da comissão ao seu agente por meio de uma transferência financeira internacional feita por um banco autorizado pelo Banco Central do Brasil a operar com câmbio;

Em conta gráfica: neste caso, o banco que recebe o valor total da operação pago pelo importador, providencia o pagamento da comissão diretamente ao agente e disponibiliza o restante para o exportador;

Deduzida da fatura: este é o caso em que o agente é o próprio importador e a sua comissão aparece na fatura comercial como um desconto do valor total faturado.

A contratação de um agente ou representante no exterior requer cautela e conhecimento do profissional a ser contratado, devendo ser celebrado um **contrato de agenciamento ou representação** com cláusulas bem definidas e claras sobre as responsabilidades e deveres do contratado, bem como a definição do percentual, prazo e formas de pagamento de sua comissão.

Se a empresa que pretende vender seus produtos no exterior ainda não se sente apta para cumprir e acompanhar todas as etapas necessárias e obrigatórias para os procedimentos de exportação, ela pode exportar por meio de comerciais exportadoras ou *tradings companies*. Nesse caso, diz-se que é uma **exportação indireta,** quando então a empresa é somente a fabricante ou fornecedora dos produtos que serão negociados no exterior por outra empresa devidamente habilitada, que se responsabiliza por cumprir todas as etapas dos procedimentos e rotinas para a exportação, desde o estudo dos mercados, as negociações, os procedimentos para embarque e desembaraço da carga para exportá-la até os trâmites necessários para o câmbio dos valores negociados em moeda estrangeira.

Mesmo que uma empresa exporte seus produtos indiretamente, ou seja, mesmo que ela seja fornecedora de produtos a uma comercial exportadora ou *trading company*, as normas brasileiras de comércio exterior estende a ela os benefícios fiscais de exportação como a isenção ou suspensão do ICMS, IPI, PIS/PASEP e COFINS. A seguir, serão apresentados dois textos que foram publicados na mídia eletrônica e que ilustram mais duas formas de se colocar mercadorias e serviços no mercado internacional.

Cooperativas: uma saída para exportar artesanato

Já é sabido que hoje os artesãos brasileiros podem colocar suas obras no mercado externo sem muitas dificuldades, bastando seguir as normas e regras estabelecidas pelas instituições governamentais. Talvez para os amantes das artes essas exigências os desestimulem por serem demasiadamente burocráticas e isso não tem nada a ver com os ideais desses artistas. Daí, muitos deles desistem de expressar sua arte em outros países ou ainda nem cogitam essa possibilidade.

Mas, para aqueles que não querem se aventurar sozinhos em novos mercados ou não se sentem preparados para isso, há uma forma bastante antiga e interessante e que dá muito certo: **a formação de cooperativas de artesãos**. Há registros que indicam que a primeira cooperativa foi criada em Rochdale, na Inglaterra, em 1844 e o seu modelo é seguido até hoje.

E, para a alegria de muitos, o governo brasileiro e diversas instituições não governamentais apoiam e estimulam a formação de cooperativas de artesãos, adotando programas de orientação e gestão de comércio exterior. Fazer parte de uma cooperativa é saber que o trabalho será feito em conjunto e, dessa forma, atingir os objetivos de vendas em outros mercados fica muito mais fácil. A formação de uma cooperativa tem caráter puramente econômico, ou seja, as ações desenvolvidas por seus cooperados estão todas voltadas à viabilização dos negócios de seus integrantes junto aos mercados em que pretendem atuar.

A formação de uma cooperativa certamente melhora a capacidade dos cooperados de atender aos pedidos de seus clientes, possibilitando o aumento de ganhos. O trabalho que as cooperativas oferecem ajuda a obter descontos na compra de materiais usados na produção, reduz os gastos com transportes e armazenamento, diminui custos com propagandas e promoção para divulgar o artesanato brasileiro no exterior, entre outras coisas.

Mas como montar uma cooperativa de artesanato? Primeiramente, é preciso saber que foram criados princípios do cooperativismo, os quais devemos ter como base para a criação e funcionamento de uma cooperativa. Segundo o Sebrae (MG), esses princípios orientadores para a formação desse tipo de instituição é aceito globalmente e a sua "formulação mais recente estabelecida pela Aliança Cooperativa Internacional data de 1995". São sete esses princípios: adesão voluntária e livre; gestão democrática pelos membros; participação econômica dos membros; autonomia e independência; educação, formação e informação; intercooperação; e interesse pela comunidade.

Conhecendo esses princípios, os cooperados deverão se organizar e tomar as decisões para a criação de sua cooperativa. Antes da sua formalização oficial, são sugeridos alguns momentos em que os cooperados deverão se reunir para que informações sejam passadas sobre o funcionamento da cooperativa, sensibilizando as pessoas e aprofundando a discussão sobre cooperativismo, verificando as possibilidades que eles têm para constituírem e manterem uma cooperativa. A presença de profissionais qualificados e com experiência na formação de cooperativas é essencial, pois, com seus conhecimentos técnicos e práticos, as dúvidas dos cooperados poderão ser esclarecidas trazendo maior conforto para a adesão ou não à formação da cooperativa.

Após essa fase, uma vez verificados e analisados os riscos e oportunidades, os cooperados deverão desenvolver o estatuto da cooperativa contendo seus objetivos, metas, valores e os membros que formarão a diretoria da cooperativa. A fase seguinte é a realização da "Assembleia Geral de Constituição", momento em que será eleita a diretoria da cooperativa e aprovado o seu estatuto. A ata da assembleia mais a documentação necessária deverão ser encaminhadas para registros na Junta Comercial e entidades de classe de cada Estado. Devidamente constituída e com os registros feitos, dá-se início às atividades da cooperativa de acordo com o que foi definido por seus cooperados.
Escrito por Zilda Mendes e publicado em 08 de novembro de 2011 – http://blog.elo7.com.br/2011/11/cooperativas-uma-saida-para-exportar.html

Consórcios de Exportação: mais uma saída para exportar artesanato

Agora, apresento mais uma opção que as empresas têm para colocar seus produtos no exterior: a formação de um "Consórcio de Exportação". Essa ideia também não é nova nas negociações internacionais, embora aqui no Brasil tenha tomado força nos anos 1990 com o apoio da ApexBrasil que é a Agência de Promoção à Exportação e Investimentos. Hoje, a ApexBrasil apoia Projetos Setoriais Integrados (PSIs), que são realizados em parceria com associações de classes e podem ter, em seus programas de apoio às empresas associadas, orientação quanto à formação e manutenção de Consórcios de Exportação. A ABIT – Associação Brasileira da Indústria Têxtil e de Confecção é um exemplo. Como uma instituição sem fins lucrativos, os objetivos dos Consórcios de Exportação são parecidos com os das cooperativas, ou seja, um grupo de empresas que têm interesses comuns e que se juntam para melhorar a divulgação e/ou a oferta de seus produtos no exterior.

Podemos elencar inúmeras vantagens da formação de um Consórcio de Exportação, entre elas a redução dos custos de exportações por meio de despesas divididas entre os consorciados, a possibilidade de criar uma marca forte no mercado interno e externo, maior capacidade para negociar preços e prazos junto a fornecedores, conhecimento e aquisição de novas tecnologias de produção, aumento da quantidade e diversidade de produtos ofertados e maior facilidade de acesso aos programas de incentivos à promoção de exportação e financiamentos, além de também poder obter um aprimoramento nos processos administrativos e produtivos.

De acordo com os interesses dos consorciados, o consórcio a ser estabelecido pode ser direcionado somente para "promover" os produtos no exterior ou "promover e vender" os produtos nos mercados escolhidos. No caso do consórcio criado para somente promover os produtos no exterior, as ações serão voltadas à divulgação, por meio de catálogos, participação em feiras, publicidades e relações públicas, dos produtos de seus consorciados e, no que se refere às negociações, às vendas e aos processos para exportação, estes deverão ser feitos pelas próprias empresas consorciadas.

No caso dos consórcios estabelecidos para "promover e vender", as ações não estão restritas somente à divulgação dos produtos de seus consorciados, mas também incluem as negociações e vendas dos produtos. A partir do negócio fechado, as empresas darão prosseguimento às etapas necessárias para concretizar a exportação. Se for do interesse dos consorciados, eles também

> poderão decidir por criar uma comercial exportadora, que se responsabilizará pelos processos de exportação do consórcio. Nesse caso, a criação de uma marca para o consórcio é fundamental.
> Em linhas gerais, a formação de um Consórcio de Exportação passa pelas seguintes etapas: seleção das empresas que formarão o consórcio para dar início do processo de sensibilização, conscientização, diagnóstico da capacidade exportadora das empresas e primeiros estudos dos mercados a serem atingidos; constituição legal do consórcio, definição das ações administrativas e jurídicas; e, por fim, início das atividades para atingir os objetivos e metas de acordo com o que foi determinado pelas empresas consorciadas. Escrito por Zilda Mendes e publicado em 06 de dezembro de 2011 – http://blog.elo7.com.br/2011/12/consorcios-de-exportacao-mais-uma-saida.html

IV. Comunicação

Para finalizar a apresentação do composto de marketing para exportação, o "P" de Promoção que engloba uma infinidade de aspectos relacionados à divulgação dos produtos e serviços de uma empresa, sejam no mercado interno como no externo, será substituído por **comunicação**. Certamente que quanto mais conhecermos as ferramentas e os meios para promover nossa empresa e o que ela oferece aos consumidores, maiores serão nossas oportunidades de escolher a melhor forma de divulgar nossos produtos e serviços no mercado externo.

Sem descartar nenhuma das ferramentas de divulgação disponíveis no mercado interno e externo, pode-se considerar a experiência e os estudos sobre as melhores formas de divulgar internacionalmente um produto ou serviço, além de considerar a legislação e normativos de cada país e, obviamente, os custos para a escolha dos meios de comunicação. E quais são esses meios? Qual seria a melhor escolha?

Os meios de comunicação normalmente utilizados pelas empresas são: rádio, televisão, jornais, revistas, internet, *outdoor*, mala direta, telemarketing, participação em feiras e exposições promocionais. Cada um desses meios tem características que precisam ser avaliadas para que haja retorno do investimento feito pela empresa. Por exemplo, se a escolha for a divulgação por meio de um jornal impresso local, é preciso levar em consideração pelo menos dois fatores importantíssimos: o grau de instrução da população, ou seja, o índice de analfabetismo, e a renda percebida por eles, o que lhes permite comprar aquele jornal escolhido para divulgar o produto ou serviço. Além, também, de considerar o fato de que a "vida útil" de um jornal é muito pequena e o número de leitores por exemplar tende a ser pequeno, também.

Pode-se observar que, em relação à divulgação no mercado externo, alguns meios de comunicação apresentam resultados melhores que outros, como a participação em feiras e exposições internacionais e em missões comerciais no exterior organizadas por entidades de classe e instituições governamentais. A seguir, serão apresentadas algumas vantagens desses meios de comunicação:

Feiras promocionais: concentra um número significativo de compradores no mesmo local que estão interessados em conhecer e ter acesso às novidades de mercado; o contato pessoal com o produto para avaliar seus atributos é muitas vezes fator determinante de compra; para a empresa expositora, é um momento em que o contato com outros fabricantes ou prestadores de serviços possibilita ter acesso ao que está sendo oferecido ao mercado pelos seus concorrentes; possibilita avaliar a aceitação de seu produto e serviço e, a partir do resultado, fazer as mudanças necessárias para atender a necessidade e preferência do consumidor; o custo para participar de uma feira internacional pode ser minimizado quando esta é organizada por associações de classe ou agências de promoção à exportação.

Missões Comerciais: normalmente, as missões comerciais são organizadas por entidades de classe ou órgãos do governo brasileiro que reúnem empresários que viajam para o exterior a fim de estabelecer contatos comerciais. No Brasil, na maioria das vezes em que os representantes do governo brasileiro partem em missão diplomática para outros países, são acompanhados por empresários de diversos ramos que irão participar de reuniões de negócios com empresários e instituições no país visitado.

Como parte da política brasileira de promoção comercial, o Ministério do Desenvolvimento, Indústria e Comércio Exterior – MDIC e o Ministério das Relações Exteriores – MRE mantêm e apoiam ações promocionais por meio da ApexBrasil – Agência de Promoção às Exportações e Investimentos e pelo *BrazilGlobalNet*.

Além de participação em feiras internacionais e missões comerciais no exterior, há também o chamado "Projeto Comprador", que se caracteriza por convidar compradores em potencial que são recebidos no Brasil para participar de rodadas de negócios com empresas exportadoras brasileiras, sendo que o custo dessas visitas é rateado entre os anfitriões que aproveitam também para mostrar suas instalações, a cidade e tudo aquilo que possa interessar ao visitante.

Nos sites da ApexBrasil e do *BrazilGlobalNet* são divulgados os calendários atualizados destes eventos, como a Feira Internacional de Luanda (FILDA), em **Angola**; a Feira Internacional de **Cabo Verde** (FIC), no Mindelo (Ilha de São Vicente) e a Feira Internacional de Maputo (FACIM), em **Moçambique**.

Além das feiras promocionais e missões empresariais, a mídia eletrônica e as redes sociais já há algum tempo são consideradas importantes ferramentas para a divulgação e venda de produtos das empresas, tanto no mercado interno como no externo. Os exemplos amplamente divulgados de empresas que viram seus negócios crescendo e se estabelecendo nos mercados utilizando esses meios dispensam qualquer comentário que apresente as suas vantagens e desvantagens. Sem dúvida, como em qualquer outro meio de comunicação, alguns cuidados específicos devem ser adotados quando se cria um site ou um blog, quando se participa de redes sociais, como *Twitter*, *Orkut* ou *Facebook*, ou se divulga um vídeo sobre a empresa no *YouTube*. Pela rapidez com que uma notícia, um fato, uma atitude adotada pela empresa ou seus sócios são divulgados em praticamente todo o mundo, dependendo do seu teor, um empreendimento tanto pode ser levado ao sucesso como pode ter a sua imagem e a sua reputação afetados de forma negativa e, caso isso ocorra, é necessário muito tempo e dinheiro para serem reconstituídos, na melhor das hipóteses, pois muitas vezes a recuperação é impossível.

PROCEDIMENTOS PARA EXPORTAR

Como já visto, cumprir os trâmites legais que constam dos normativos da SECEX – Secretaria de Comércio Exterior, do Ministério do Desenvolvimento, Indústria e Comércio Exterior é condição indispensável para exportar bens e serviços. Para efeitos de registros e controles da saída de bens do Brasil, as exportações podem ser classificadas em:

Exportação com cobertura cambial

É aquela que, uma vez enviado um bem ou prestado um serviço no mercado externo e recebido o valor em moeda estrangeira, irá gerar uma operação cambial. Elas podem ser ainda consideradas como exportações normais, simplificadas ou financiadas. A diferença entre elas é basicamente em relação ao prazo para pagamento concedido ao importador, aos registros no Siscomex e aos procedimentos aduaneiros. Convém destacar aqui um meio de exportar simplificado que se apresenta como uma ótima opção para aqueles que estão começando a vender seus produtos no exterior ou que estão exportando uma pequena quantidade ou, ainda, que não tenham se habilitado junto à Receita Federal do Brasil, que é a exportação via postal.

A exportação via serviço postal, feita exclusivamente pela ECT – Empresa de Correios e Telégrafos é chamada "Exporta Fácil". Para este tipo de exportação, não é exigido do exportador que ele se credencie junto à Receita Federal do Brasil para ter acesso ao Siscomex – Sistema Integrado de Comércio Exterior. No "Exporta Fácil" o registro no Siscomex é feito pela empresa de postagem. O processo é simples, mas deve-se atentar para restrições que este tipo de exportação oferece, como: o limite do valor da mercadoria a ser exportada, se a mercadoria precisa da anuência/consentimento de instituições controladoras, e, ainda, se o país importador aceita que a sua importação seja feita por este canal.

Alguns exemplos das proibições e restrições para exportar por via postal para os países de língua portuguesa da África informadas pelos Correios em fevereiro de 2012 eram as seguintes:

Angola

Proibição	
SH*	**Descrição**
30.01	Produtos farmacêuticos – somente por empresas registradas, devendo constar o nome e a composição do medicamento.
Restrição	
SH*	**Descrição**
22.04	Produtos alimentícios/Bebidas/Tabacos – essências para fabricação de vinhos.

Fonte: ECT – fevereiro/2012.

Cabo Verde

Segundo as instruções dos Correios, os objetos enviados para Cabo Verde, por via postal, transitam por Portugal, o que leva à necessidade de consultar listas de restrições do país de trânsito.

Proibição	
SH*	Descrição
05.01.11	Animais/Produtos – Todos os produtos incluídos na Convenção de Washington (CITIES).
17.01.04	Produtos alimentícios/Tabacos – é proibida a importação de substâncias contendo sacarina.
Restrição	
SH*	Descrição
09.01.10	Vegetais/Produtos – certificado de garantia para café, chá, mate e especiarias.
13.01.02	Vegetais/Produtos – resina de cannabis e ópio exigem autorização.

Fonte: ECT – fevereiro/2012.

Guiné-Bissau

Segundo as instruções dos Correios, os objetos enviados para Cabo Verde, por via postal, transitam por Portugal, o que leva à necessidade de consultar listas de restrições do país de trânsito.

Fonte: ECT – fevereiro/2012.

Moçambique

Proibição	
SH*	Descrição
02.01.10	Animais/Produtos – carnes e miúdos comestíveis.
03.01.07	Animais/Produtos – peixes e crustáceos.
Restrição	
SH*	Descrição
30.01.06	Produtos químicos – produtos farmacêuticos, somente podem ser importados por empresas registradas.
37.01.07	Produtos químicos – celuloide, filmes fotográficos e cinematográficos novos (virgens) devem ser colocadas em caixas metálicas e acondicionadas em caixas de madeira.

Fonte: ECT – fevereiro/2012.

São Tomé e Príncipe
Segundo as instruções dos Correios, os objetos enviados para Cabo Verde, por via postal, transitam por Portugal, o que leva à necessidade de consultar listas de restrições do país de trânsito.

Fonte: ECT – fevereiro/2012.

Uma vez que as exportações via serviço postal para **Cabo Verde, Guiné-Bissau e São Tomé e Príncipe**, obrigatoriamente, tem trânsito por Portugal, abaixo estão descritos alguns exemplos das restrições e proibições para este tipo de exportação em Portugal.

Portugal

Proibição	
SH*	Descrição
05.01	Todos os produtos incluídos no apêndice I da Convenção de Washington (CITES), por exemplo: marfim, casco de tartaruga, patas, unhas, cascos e bicos. e sêmen suíno.
17.00	Chocolate contendo sacarina.
Restrição	
SH*	Descrição
01.01	Todos os animais vivos, exceto abelha, sanguessuga e bicho-da-seda.
04.01	Laticínios. ovos de aves. mel natural. produtos comestíveis de origem animal não especificados ou incluídos em outro dispositivo legal estarão sujeitos a inspeção pelo Centro de Proteção e Controle de Saúde Animal (CPCSA).

Fonte: ECT – fevereiro/2012.

Exportação sem cobertura cambial
É aquela em que, embora haja o envio de um bem ou a prestação de serviço no mercado externo, não se prevê o pagamento de nenhum valor por parte de quem o está recebendo, uma vez que não houve uma venda, como o envio de amostras, doações e exposição de uma mercadoria em feiras setoriais no exterior.

Exportação em consignação
Implica em enviar produtos para o exterior aos cuidados de um consignatário que, de acordo com acertos contratuais, ficará responsável pelo

bem em seu país, promovendo a sua venda ou devolvendo-o ao exportador caso a venda não seja feita. Ou seja, se o produto for vendido será recebido o valor da venda, se ele não for vendido, deverá retornar ao país do exportador dentro de um período determinado pelas normas em vigor. Praticamente todos os bens produzidos no Brasil podem ser exportados em consignação, com algumas exceções previstas, como as classificações fiscais de mercadoria **não passíveis de exportação em consignação**, listadas nos regulamentos em 26 de fevereiro de 2011, apresentadas a seguir:

Códigos 9301 a 9303 – Armas de guerra, exceto revólveres, pistolas e armas brancas a outras armas de fogo e aparelhos semelhantes que utilizem a deflagração da pólvora.
Códigos 7108.13.10 – Ouro em barras, fios e perfis, de seção maciça, para uso não monetário.
Códigos 4401 a 4417.00 – Lenha em qualquer estado; madeira em estilhas ou em partículas; serragem – serradura, desperdícios e resíduos, de madeira, mesmo aglomerados em bolas, briquetes, pellets ou em formas semelhantes a ferramentas, armações e cabos, de ferramentas, de escovas e de vassouras, de madeira; formas, alargadeiras e esticadores, para calçados, de madeira.
Códigos 4012.1 a 4012.20.00 – Pneumáticos recauchutados ou usados, de borracha.

Fonte: MDIC – fevereiro/2012.

Exportação com margem não sacada ou sem retenção cambial
É mais um tipo de exportação que pode ser aplicado quando negociamos a venda de determinados produtos no mercado externo. Uma operação de exportação com margem não sacada consiste em permitir que o importador pague pelo bem importado após a verificação da carga no destino, tendo como base certificados de análise ou outros documentos que comprovem se o pagamento deverá ser feito com ou sem cláusula de retenção cambial. Retenção Cambial significa que ao importador será permitido pagar seu compromisso junto ao fornecedor com um percentual de "desconto", por não ter recebido a carga conforme foi negociado. Nem todas as mercadorias podem ser negociadas sob esta condição, somente aquelas que estão sujeitas a alteração em sua composição devido ao transporte ou outras

situações que possam modificá-las. Alguns exemplos de mercadorias que podiam ser negociadas com margem não sacada, de acordo com Anexo XXI da Portaria nº 23, de 14 de julho de 2011.

1301 – Goma-laca; gomas, resinas, gomas-resinas e oleorresinas (bálsamos, por exemplo), naturais – percentual máximo não sacado – 5%.
1701 – Açúcares de cana ou de beterraba e sacarose quimicamente pura, no estado sólido – percentual máximo não sacado – 8%.
1703 – Melaços resultantes da extração ou refinação do açúcar – percentual máximo não sacado – 5%.
2401.10.10 – Tabaco não manufaturado, desperdícios de tabaco, em folhas, sem secar, nem fermentar – percentual máximo não sacado – 31%.

Fonte: MDIC – fevereiro/2012.

Registros de Exportação no Siscomex

Nas exportações via postal, a ECT é quem providencia o registro da **DSE – Declaração Simplificada de Exportação** junto ao Siscomex. Este registro é feito a partir das informações fornecidas em um formulário preenchido pelo exportador e entregue à empresa de postagem com a mercadoria e os demais documentos necessários para o embarque.

Afora as exportações feitas por via postal, os outros tipos de exportação deverão ser registrados pelo Siscomex Exportação Módulo Comercial – NOVOex, via WEB, sistema adotado pelo Departamento de Operações de Comércio Exterior – Secretaria de Comércio Exterior, do MDIC – Ministério do Desenvolvimento, Indústria e Comércio Exterior.

Neste sistema poderão ser elaborados os **RE – Registros de Exportação**, os **RC – Registros de Crédito** e os **RV – Registros de Venda**, assim como poderão ser obtidas informações sobre os tratamentos administrativos dispensados às exportações brasileiras, feitos os acompanhamentos dos registros efetuados, propostas alterações do RE já averbado, entre outras coisas.

O RC – Registro de Crédito deverá ser providenciado quando as exportações forem financiadas e o seu registro deverá ser feito antes da emissão do RE – Registro de Exportação. O mesmo deverá ocorrer nos casos dos RV – Registros de Venda, registro exigido quando os bens vendidos forem negociados nas bolsas de mercadorias internacionais, ou seja, deverá ser providenciado antes da emissão do RE – Registro de Exportação. Sendo assim, somente após os registros de crédito (exportações financiadas) e o registro de venda (bens negociados em bolsas de mercadorias) serem aprovados/autorizados no Siscomex é que se deve providenciar os registros de exportação.

O RE é utilizado para diversos tipos de exportação, como alguns dos enquadramentos apresentados na tabela "2.Detalhes do Enquadramento" do Enquadramento das Exportações no Siscomex Exportação WEB – NOVOex, apresentado a seguir.

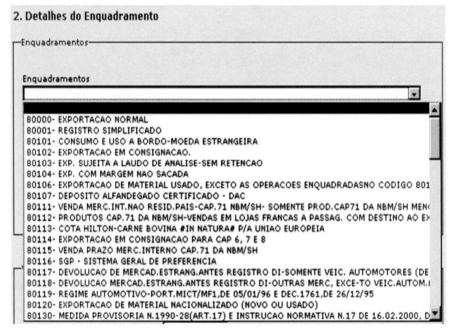

Fonte: Slide divulgado na "PALESTRA NOVOEX 26 JUL 11", apresentada pela DECEX – Departamento de Comércio Exterior/SECEX, do Ministério do Desenvolvimento, Indústria e Comércio Exterior.

DESPACHO ADUANEIRO DE EXPORTAÇÃO

Todas as mercadorias exportadas devem passar pelo processo de despacho aduaneiro de exportação, mesmo aquelas exportações sob os regimes aduaneiros especiais, como as exportações temporárias. Mas, quais são os procedimentos para se despachar uma mercadoria para o exterior, por que é necessário passar por este processo e quem participa desta etapa da exportação?

O despacho de exportação é o momento em que as autoridades alfandegárias verificam se todos os dados declarados nos registros, autorizações e documentos apresentados pelo exportador estão de acordo com o que foi informado nos registros no Siscomex e se estão em consonância com a legislação vigente para que a carga saia do país. Participam do processo do despacho aduaneiro de exportação: o exportador da mercadoria ou seu representante legal (despachante aduaneiro); o depositário da carga; a fiscalização aduaneira e o transportador. A Receita Federal do Brasil (2011) atribuía as seguintes funções aos participantes deste processo:

- *"ao exportador o registro da DE ou DSE no sistema;*
- *ao depositário a confirmação de que a carga a ser desembaraçada encontra-se em seus armazéns;*
- *à fiscalização aduaneira a recepção dos documentos, a conferência aduaneira, o início e conclusão do trânsito aduaneiro;*
- *ao transportador a informação referente à carga efetivamente embarcada com destino ao exterior."*

Após o registro da **DE – Declaração de Exportação**, os exportadores ou o seu representante legal devem apresentar para a unidade de despacho da Receita Federal do Brasil os documentos relacionadas a seguir, conforme os prazos e instruções vigentes no país. O registro da recepção destes documentos é feito no Siscomex pelo AFRB – Auditor Fiscal da Receita Federal do Brasil ou pelo ATRFB – Analista-Tributário da Receita Federal do Brasil.

A partir do momento em que se fez o registro da recepção dos documentos para despacho da carga no Siscomex, dá-se início aos procedimentos fiscais e não é mais possível fazer alterações na Declaração de Exportação pelo exportador. Os documentos que deverão ser apresentados para iniciar o despacho de exportação, segundo a RFB (novembro 2011) são:

*"**Nota Fiscal Eletrônica**, com apresentação do DANFE – Documento Auxiliar de Nota Fiscal Eletrônica;* **Fatura comercial**, *ou outro documento que comprove a tradição de propriedade do bem no exterior, no caso de despacho aduaneiro de exportação de bens que se encontrem no exterior em regime de exportação temporária que se tornou definitiva...";* **via original do conhecimento... de carga**; *outros*

documentos como **certificado de origem**, *no caso de exportação de café;* **DARF**, *relativo a pagamento de imposto de Exportação, ou declaração de compensação...;* **certificado de padronização** *para cauda de lagosta congelada... e pedras de cantaria ou construção e mármores...; guia de liberação do Iphan...;* **Licença CITES** *(Convenção sobre o Comércio Internacional das Espécies da Flora e Fauna Selvagens em Perigo de Extinção) emitida pelo IBAMA;* **Guia de Tráfego**, *no caso de exportação de armas e outros, se solicitados pelas autoridades aduaneiras.*

Quando se utilizou a **DSE – Declaração Simplificada de Exportação** *para iniciar o processo de despacho da carga, a apresentação dos documentos somente será exigida para casos selecionados pelas autoridades aduaneiras. São os seguintes documentos exigidos, segundo a RFB (novembro de 2011):*

*"***nota fiscal eletrônica***, com apresentação do DANFE (Documento Auxiliar de Nota Fiscal Eletrônica)..;* **via original do conhecimento de carga** *ou documento equivalente nas exportações por via terrestre, fluvial ou lacustre; e* **outros**, *indicados em legislação específica."*

Parametrização do Despacho de Exportação

As conferências aduaneiras podem ocorrer em diversos níveis. A seleção do nível em que ocorrerão as conferências para a declaração de exportação é feita de acordo com o que se chama de "seleção parametrizada" e há três canais de conferência, a saber:

Canal Verde – o desembaraço aduaneiro é processado pelo sistema automaticamente, não sendo necessária a conferência aduaneira;

Canal Laranja – para o desembaraço aduaneiro é obrigatório o exame dos documentos apresentados no despacho pelos fiscais aduaneiros;

Canal Vermelho – os fiscais aduaneiros, além de proceder à análise dos documentos apresentados no despacho, também fazem a verificação da mercadoria a ser embarcada.

Nos casos de DSE, os canais de parametrização são o verde e o vermelho. Segundo a RFB (novembro de 2011), *"A seleção parametrizada poderá ser executada de forma automática, em horários previamente estabelecidos pela URF, ou de forma imediata a qualquer momento, a critério do supervisor do recinto aduaneiro."* Pode ainda ocorrer de a seleção parametrizada apontar os canais verde ou amarelo e a autoridade aduaneira, a seu critério, direcionar o processo para o canal vermelho.

Uma vez concluído todo o processo de registros no Siscomex, a entrega dos documentos exigidos para o despacho, a escolha do canal de parametrização e a verificação e análises das autoridades aduaneiras, é registrada a conclusão do processo. Esse ato é denominado **"desembaraço aduaneiro"**, quando então autoriza-se o embarque ou a transposição de fronteira da carga e, após a confirmação da saída da carga do território nacional, averba-se a conclusão do processo com a emissão pelo Siscomex do **CE – Comprovante de Exportação.**

REGIMES ADUANEIROS ESPECIAIS PARA A EXPORTAÇÃO

Afora os procedimentos normais para exportar mercadorias e serviços permitidos pelas normas vigentes no país, pode-se também exportar sob determinadas condições chamadas de **"Regimes Aduaneiros Especiais"**. A seguir serão mencionados, de forma sucinta, alguns dos regimes aduaneiros especiais que poderão ser utilizados por empresas exportadoras, com as suas características descritas na Portaria SECEX nº 23, de 14 de julho de 2011, alterada pela Portaria SECEX nº 37, de 14/10/2011 e no Regulamento Aduaneiro – Decreto nº 6759, DOU 06/02/2009.

Depósito Alfandegado Certificado – DAC

Regime aduaneiro especial que permite a permanência, em local alfandegado do território nacional de uso público ou privado, de mercadoria que já foi comercializada no exterior e devidamente registrada no Siscomex. Essa mercadoria é considerada exportada para os efeitos fiscais, creditícios e cambiais, mediante autorização e condições e prazos estabelecidos pela Receita Federal do Brasil.

Drawback

Este regime aduaneiro especial permite que uma empresa exportadora adquira mercadorias nacionais ou importadas equivalentes às empregadas ou consumidas na industrialização de produto a ser exportado com suspensão ou isenção de impostos. Pode ser concedido para:

- a utilização de mercadorias com finalidade de transformá-las em uma nova mercadoria, ou que a modifique, aperfeiçoe ou altere seu funcionamento;
- que seja utilizada para a montagem de um novo produto;
- a renovação ao acondicionamento de uma mercadoria deteriorada ou inutilizada;

- o acondicionamento ou recondicionamento nos casos em que altere a apresentação do produto pela colocação de embalagem que não se destine ao transporte da mercadoria; e
- outras condições previstas no regulamento.

As modalidades deste regime são:

***Drawback* integrado suspensão** – com a suspensão dos tributos exigíveis na importação e na aquisição no mercado interno, de acordo com as normas vigentes no país;
***Drawback* integrado isenção** – com a isenção do II – Imposto de Importação, com a redução a zero do IPI – Imposto sobre Produtos Industrializados, da Contribuição do PIS/Pasep, da Cofins – Contribuição para o Financiamento da Seguridade Social, de acordo com as normas vigentes no país.
***Drawback* restituição** – de competência da Secretaria da Receita Federal do Brasil, este regime prevê a restituição parcial ou total, por meio de crédito fiscal a ser utilizado em qualquer importação posterior, dos tributos federais (II e IPI) pagos na importação de mercadorias que após beneficiadas foram exportadas.

Para utilizar este regime aduaneiro, antes de adquirir a mercadoria, o exportador deve cumprir com as exigências que constam nas normas sobre *drawback*. A começar pelo "pedido de *drawback*", feito por meio eletrônico – Siscomex, que, uma vez aprovado, levará à emissão do "ato concessório de *drawback*". Com este documento em mãos, a empresa poderá dar andamento aos procedimentos para importar, de acordo com o tipo de *drawback* escolhido.

Dentro do prazo determinado pelas normas, a empresa deverá providenciar a exportação dos produtos fabricados com a utilização das mercadorias ou insumos importados sob o regime de *drawback* e cumprir com as exigências para a comprovação e vinculações da exportação ao "ato concessório".

Entreposto Aduaneiro de Exportação
Este regime aduaneiro especial permite a armazenagem de mercadoria a ser exportada com suspensão do pagamento dos impostos federais, COFINS e do PIS/PASEP. Há duas modalidades deste regime: comum e extraordinário.

Regime Comum: suspensão dos tributos e contribuições previstas para as mercadorias armazenadas em **recinto público** pelo prazo determinado pelas autoridades alfandegárias, contado a partir da data de entrada da mercadoria na unidade de armazenagem.

Regime Extraordinário: destinado às mercadorias armazenadas em **recintos privados**, permitindo a utilização dos benefícios fiscais previstos para a exportação antes do embarque para o exterior. Somente se aplica às comerciais exportadoras constituídas de acordo com a lei e mediante autorização da Secretaria da Receita Federal do Brasil, pelo prazo determinado pelas autoridades alfandegárias, contado a partir da data de saída da mercadoria do estabelecimento do produtor-vendedor.

Exportação Temporária

O regime especial de exportação temporária permite a saída de mercadorias do território nacional, com a suspensão dos impostos de exportação, se houver, na condição de que esta mercadoria deverá retornar ao país dentro de um tempo determinado pelas autoridades aduaneiras, no mesmo estado em que foram exportadas. As razões para exportar sob este regime são diversas: realização ou participação em eventos de natureza promocional, artística, científica, cultural ou esportiva, assistência humanitária, acondicionamento e transporte de outros bens, ensaios e testes ou utilização no exterior.

É prevista ainda a saída temporária de mercadoria que será transformada, montada, beneficiada ou ainda que passará por um processo de conserto, reparo ou restauração. Nesses casos, denomina-se **"Exportação Temporária para Aperfeiçoamento Passivo"** e serão cobrados os tributos de importação incidentes sobre o valor agregado à mercadoria ou sobre os materiais eventualmente empregados para conserto, reparo ou restauração.

Regime de Entreposto Industrial sob Controle Aduaneiro Informatizado – RECOF

O RECOF permite a importação de mercadorias, com ou sem cobertura cambial, com a suspensão dos tributos, que, após passarem pelo processo de industrialização, serão exportadas. Este regime especial permite que parte da mercadoria no estado em que foi importada ou industrializada possa ser destinada para consumo. Em qualquer situação, as condições e autorizações para utilizar este regime aduaneiro especial são fornecidas pela Receita Federal do Brasil.

Regime Aduaneiro Especial de Importação de Insumos destinados à Industrialização por Encomenda de Produtos Classificados nas Posições 8701 a 8705 da Nomenclatura Comum do Mercosul – RECOM

Este regime aduaneiro é específico para as mercadorias classificadas nas posições 8701 a 8705 da Nomenclatura Comum do Mercosul. Neste regime, é permitida a importação sem cobertura cambial de chassis, carroçarias, peças, partes, componentes e acessórios com suspensão do IPI – Imposto sobre Produtos Industrializados, do PIS/PASEP e da COFINS. Essas mercadorias deverão ser utilizadas na fabricação de bens a serem exportados sob encomenda. É exigido ainda que as importações dessas mercadorias devam ser realizadas por conta e ordem de pessoa jurídica domiciliada no exterior, ou seja, o encomendante do bem a ser exportado.

Regime Aduaneiro Especial de Importação de Petróleo Bruto e seus Derivados – REPEX

Este regime aduaneiro é específico para as importações de petróleo bruto e seus derivados, com suspensão dos tributos federais e contribuições para o PIS/Pasep e COFINS, desde que sejam exportados no mesmo estado em que foram importados, obedecendo aos critérios estabelecidos pelas autoridades competentes. Este regime se aplica somente às empresas previamente habilitadas pela Receita Federal do Brasil e que possuam autorização da Agência Nacional de Petróleo, Gás Natural e Biocombustíveis para importar e exportar os referidos produtos.

Trânsito Aduaneiro

Este regime permite o transporte de mercadorias importadas, nacionais ou nacionalizadas, verificadas ou despachadas para a exportação do local de origem ao local de destino. No caso de mercadorias nacionais, nacionalizadas, verificadas ou despachadas para a exportação ou reexportação, o regime especial de "Trânsito Aduaneiro" prevê o trajeto entre o local de origem e o local do embarque ou para armazenagem e posterior embarque. Segundo o Art. 329 do Regulamento Aduaneiro, ao conceder o regime, após a conferência para o trânsito, *"a autoridade aduaneira sob cuja jurisdição se encontrar a mercadoria a ser transportada: I – estabelecerá a rota a ser cumprida; II – fixará os prazos para a execução da operação e para a comprovação da chegada da mercadoria ao destino; e III – adotará as cautelas julgadas necessárias à segurança fiscal."* O documento emitido do despacho para o trânsito aduaneiro é o **DTA – Declaração de Trânsito Aduaneiro**, que integra também o termo de responsabilidade assinado pelo beneficiário deste regime aduaneiro e pela empresa transportadora da carga.

6.
Sistemática de câmbio

Política cambial brasileira
Cada país, de acordo com a sua política cambial e também com a sua situação econômico-financeira, adota um tipo de mercado de câmbio que definirá como deverão ser feitas as entradas e saídas de moedas estrangeiras em seu território e também como e por quem serão efetuadas as operações de compra e venda dessas moedas. Em geral, pode-se identificar alguns tipos de mercados de câmbio, como:

- **mercado de câmbio livre:** as compras e vendas de moedas estrangeiras são feitas sem que haja exigências por parte das autoridades locais quanto à identificação das partes que estão comprando e vendendo ou que seja necessário informar a origem e o destino dos valores negociados – típico dos paraísos fiscais;
- **mercado de câmbio monopolizado:** as compras e vendas de moedas estrangeiras são feitas com restrições, sendo que em muitos casos somente as autoridades governamentais estão autorizadas a operar neste mercado;
- **mercado de câmbio controlado:** as compras e vendas de moedas estrangeiras estão sujeitas às normas e regulamentos ditados pelas autoridades governamentais locais.

No **Brasil**, o mercado de câmbio é controlado, uma vez que, para se operar neste mercado, comprando ou vendendo moeda estrangeira, deve-se obedecer às normas e regras ditadas pelo Banco Central do Brasil por meio do **RMCCI – Regulamento do Mercado de Câmbio e Capitais Internacionais**.

Em vigor desde 2005, o RMCCI define os critérios para compra e venda de moedas estrangeiras no território nacional de acordo com as diversas formas para pagamento e recebimento, bem como quem são os agentes/instituições autorizadas a operar neste mercado.

O regulamento em vigor também apresenta as condições e critérios para as operações que envolvem saída de capital brasileiro do território nacional – Capitais Brasileiros no Exterior e a entrada de capital estrangeiro no território nacional – Capitais Estrangeiros no País.

O dinamismo que caracteriza esses mercados faz com que mudanças nas regras e normas sejam alteradas constantemente. Por esse motivo é de fundamental importância acompanhar essas mudanças acessando frequentemente os arquivos disponibilizados pelo Banco Central do Brasil em seu site: www.bcb.gov.br.

Nos países africanos de língua portuguesa, os mercados de câmbio se apresentam da seguinte forma:

Em **Angola**, a Lei nº 5/97, de 27 de Junho, promulgada em 23 de abril de 1997 pelo Presidente da República José Eduardo dos Santos, denominada de *"Lei Cambial"*, determina o Banco Nacional de Angola como a autoridade Cambial do país, tendo como função controlar o mercado de câmbio por meio de normas e regras, a fim de regular e padronizar as operações cambiais, bem como averiguar as transgressões cambiais e aplicar multas e sanções previstas na lei.

No capítulo VII (Disposições Finais e Transitórias), Artigo 28º (Regulamentação), item 2 da Lei nº 5/97 consta que *"Compete, em geral, ao Banco Nacional de Angola definir os princípios reguladores e os procedimentos a adoptar nas operações cambiais, bem como publicar ou transmitir as instruções de carácter técnico e outras, necessárias à boa execução do regime legal das mesmas operações."*

Em **Cabo Verde**, a política monetária e cambial definida pelo governo tem a colaboração do Banco de Cabo Verde, que as executa de forma autônoma e gerindo as reservas de câmbio oficiais do país. As operações de compra e venda de moeda estrangeira em território cabo-verdiano são controladas com base no Decreto-Lei nº 25/98, de 29 de Junho, no Aviso nº 15/99, de 16 de Agosto e no Aviso nº 1/2007, de 10 de Setembro.

No primeiro trimestre de 2012, o Banco de Cabo Verde publicou um caderno contendo informações sobre as normas, regras e limites para compra e venda de moeda estrangeira para residentes e não residentes no país, bem como as punições para aqueles que não cumprirem com seus critérios, sendo que essas operações somente podem ser feitas junto a *"entidades autorizadas a exercer o comércio de câmbio (ex: bancos, casas de câmbio ou outras entidades autorizadas pelo Banco de Cabo Verde a exercer o comércio de câmbio)"*

Desde maio de 1997, **Guiné-Bissau** aderiu à UMOA – União Monetária do Oeste Africano, tendo o BCEAO – Banco Central dos Estados da África Ocidental como o seu banco central, que define e aplica as políticas monetárias e cambiais desse grupo de países, gerindo as suas reservas oficiais de divisas.

Em **Moçambique**, o Banco de Moçambique atua como banco central desde 1992, tendo entre as suas principais funções atuar como orientador e controlador das políticas monetárias e cambiais e também como gestor das disponibilidades externas do país, de acordo com a Lei nº 01/92, promulgada em 3 de janeiro de 1992.

No que diz respeito às operações que envolvem moedas estrangeiras, artigos da lei indicam que o Banco de Moçambique exerce o controle dessas operações. Desde julho de 2011, foi implantado um novo regime de câmbio no país, com a entrada em vigor da Lei nº 11/2009, de 11 de março, regulada pelo Decreto nº 83/2010, de 31 de dezembro, denominada de *"Lei Cambial"*, tendo como objetivo principal controlar os atos, negócios, transações e operações de residentes e não residentes no país que envolvem pagamentos e recebimentos internacionais.

Segundo Correia (2011), este novo regime cambial adotado por Moçambique determina *"Todas as operações cambiais estão sujeitas a registro, mas nem todas estão sujeitas a aprovação, como é o caso das que são definidas como transacções correntes, que não requerem a autorização prévia do Banco de Moçambique ('BM')."* Portanto, o tipo de mercado de câmbio adotado em Moçambique é controlado.

Em **São Tomé e Príncipe**, o mercado de câmbio é regido pelo Decreto-Lei nº 32/99 de 26 de outubro, denominado *"Lei Cambial"*, que destaca o Banco Central de São Tomé e Príncipe como autoridade cambial responsável pela gestão das reservas externas do país em conformidade com a política econômica adotada pelo governo, tendo também como função acompanhar os movimentos deste mercado e aplicar sanções pelo não cumprimento da lei.

De modo geral, as operações de compra e venda de moeda estrangeira em São Tomé e Príncipe são livres, mas em algumas situações é preciso solicitar uma autorização ao Banco Central. Entre as determinações da Lei Cambial, destaca-se, por exemplo, que as operações de compra e venda de moedas estrangeiras, por outras instituições que não os bancos comerciais, estão sujeitas a prévia e especial autorização do Banco Central.

No que diz respeito ao pagamento das importações feitas por São Tomé e Príncipe, a venda de moeda estrangeira para honrar os compromissos assumidos pelos importadores, sejam eles residentes ou não residentes no país, desde que esteja registrado como importador, é totalmente livre, mas deve-se observar que as vendas de divisas para o pagamento de importações inclui até o valor CIF (Custo, Seguro e Frete) de cada importação.

De acordo com o artigo 16º da Lei Cambial, os residentes e não residentes estão autorizados a abrir e movimentar contas correntes em dobras ou em qualquer moeda estrangeira desde que sejam observadas as disposições legais.

Conhecendo o funcionamento de cada um desses mercados, suas peculiaridades, se há ou não controle pelas autoridades monetárias dos países por meio de normativos ou, ainda, se os importadores necessitam de algum documento que deve ser providenciado pelo exportador brasileiro, pode-se fazer um planejamento adequado, tanto para cumprir com determinadas exigências em relação às operações cambiais no Brasil, como para negociar com os clientes naqueles países as modalidades de pagamento, as moedas que serão negociadas e os prazos para recebimento dos valores das exportações.

Regime de Taxas Cambiais
Os regimes de taxas cambiais são os modelos que os governos adotam para definir o valor das moedas estrangeiras, ou seja, a taxa de câmbio que será utilizada para converter a moeda nacional em moeda estrangeira e vice-versa.

Quando as autoridades monetárias de um país determinam quais são as taxas de compra e de venda que devem ser praticadas pelos compradores e vendedores de moeda estrangeira, sem que estes tenham a liberdade de alterá-las, dizemos que o regime de taxas cambiais adotado por esse país é o **câmbio fixo**.

Um país pode também adotar o regime de **bandas cambiais**. Neste caso, as autoridades monetárias desse país determinam uma taxa mínima e uma taxa máxima para comprar e vender moeda estrangeira e os compradores e vendedores têm a liberdade de, dentro desse limite, negociar o melhor para o seu negócio.

Há ainda o regime de **taxas flutuantes**, quando não há intervenção das autoridades monetárias dos países e quem define a taxa de câmbio é o mercado de acordo com a lei da oferta e demanda. Muitas vezes, mesmo adotando o regime de taxas flutuantes, um governo, na tentativa de conter uma desvalorização ou valorização expressiva da moeda local, intervém no mercado de câmbio, comprando ou vendendo moeda estrangeira, daí denomina-se regime de **"taxas flutuantes administrado" ou "sujo"**.

O Brasil já experimentou todos esses tipos de regimes de taxas cambiais. Desde janeiro de 1999, vem adotando o regime de taxas flutuantes, sendo que, nos últimos períodos, por diversas vezes, o Banco Central do Brasil entrou no mercado comprando moeda estrangeira para conter a valorização do real, mas sem muito êxito. Desta maneira, diz-se que o regime de taxas cambiais adotado pelo país é o flutuante sujo. Nos países africanos da CPLP os regimes de taxas cambiais adotados pelas autoridades monetárias atualmente são:

Em **Angola**, as taxas de câmbio aplicadas para a conversão de moedas podem ser negociadas livremente, caracterizando um regime de taxas cambiais flutuantes. As comissões e outras despesas cobradas pelas instituições financeiras autorizadas pelo Banco Nacional de Angola a operar no mercado de câmbio também podem ser livremente negociadas entre as partes.

Desde 1998, **Cabo Verde** adota o regime cambial de paridade fixa com o euro. Segundo o Banco de Cabo Verde, a adoção deste tipo de regime de taxas cambiais *"visa, essencialmente, garantir a convertibilidade cambial do escudo cabo-verdiano, criar condições para a estabilidade de preços, protegendo o valor da moeda nacional e servir como âncora nominal credível da política monetária."*

Como já visto em capítulo anterior deste livro, a moeda corrente em **Guiné-Bissau** é o franco CFA – franco da Comunidade Financeira do Oeste Africano. Essa moeda única foi adotada desde 1945 pelos países que fizeram parte das colônias francesas no continente africano e era denominada inicialmente "franco das Colônias Francesas da África", passando, em 1958, a ser chamada de *franc de la Communauté Financière Africaine"* – franco da Comunidade Financeira Africana. Atualmente, essa denominação é usada para designar a moeda única dos países que fazem parte da UMOA(UEMOA) e, para os países que fazem parte da CEMAC – Comunidade Econômica e Monetária da África Central, essa moeda é chamada de *franc de la Coopération Financière en Afrique Centrale* – franco da Cooperação Financeira da África Central.

Desde que essa moeda única foi adotada, a sua paridade era fixada em relação ao franco francês, mas, a partir de janeiro de 1999, quando a França, juntamente com outros países da União Europeia, passou a ter como moeda corrente o euro, a paridade do franco CFA passou a ser fixada em relação ao euro e as taxas de câmbio para as outras moedas seguem as cotações praticadas na zona do euro.

Em **Moçambique,** como na maioria dos países em desenvolvimento, já foi adotado o regime de câmbio fixo, mas, desde a década de 1990, o regime de taxas cambiais é livre/flutuante, podendo sofrer intervenções do Banco de Moçambique.

Diariamente, o BM divulga as taxas médias de câmbio usadas nas operações de compra e venda de moeda estrangeira feitas pelas instituições autorizadas a realizar esses tipos de operações, tendo como referência as operações cambiais realizadas no dia anterior. Essas taxas médias diárias divulgadas são em relação ao dólar dos Estados Unidos, ao euro e ao rand da África do Sul, que são as moedas mais utilizadas no mercado cambial.

De acordo com a Lei Cambial de **São Tomé e Príncipe**, o regime de taxas cambiais adotado pelo país é flutuante. O artigo 9º dessa lei define o regime cambial da seguinte maneira: *"A taxa de câmbio que se utilizará em todas as operações cambiais será inteiramente livre e a sua determinação estará de acordo com a oferta e a procura no mercado".*

O conhecimento do regime de taxas cambiais adotado por um país permite ao vendedor calcular o preço para a exportação de sua mercadoria ou serviço prestado, bem como ao comprador calcular os custos e despesas totais que terá quando optar por adquiri-la em outros países, considerando o risco cambial da operação comercial, de acordo com os critérios adotados em cada um dos mercados, para determinar o valor das taxas para a compra e venda de moeda estrangeira, evitando de certa forma as surpresas decorrentes das variações de taxas de câmbio e os resultados financeiros auferidos ao término dos processos.

Contratação ou Fechamento de Câmbio

De acordo com o que já foi informado, no Brasil as operações cambiais referentes ao comércio internacional estão sujeitas às normas e regulamentos ditados pelo Banco Central do Brasil por meio do RMCCI – Regulamento do Mercado de Câmbio e Capitais Internacionais.

Sendo assim, todas as exportações brasileiras de mercadorias e serviços **com cobertura cambial** que tiveram seus registros no Siscomex averbados pela Receita Federal do Brasil devem estar vinculadas a um contrato de câmbio. Esse documento é emitido pelas instituições autorizadas a operar no mercado de câmbio brasileiro, que o registra no Banco Central do Brasil, por meio de terminais ligados ao Sisbacen – Sistema de Informações do Banco Central, as compras de valores em moedas estrangeiras referentes às exportações brasileiras.

Desde outubro de 2011, o Banco Central do Brasil adotou um modelo único de contrato de câmbio que pode ser utilizado para os registros das contratações de compra, venda, alterações e cancelamentos das operações cambiais. Mas, é importante observar que, para as operações de câmbio realizadas até o dia 30 de setembro de 2011 continuam valendo os modelos de contratos utilizados até aquela data. Uma vez contratada a operação de câmbio de exportação, alguns itens deste documento **não podem ser alterados**. São eles:

- comprador da moeda estrangeira: instituição financeira autorizada pelo Banco Central do Brasil a comprar a moeda estrangeira;
- vendedor da moeda estrangeira: exportador de mercadorias e serviços;
- o valor em moeda estrangeira: valor total que consta da fatura comercial, obedecendo as instruções nos casos em que a comissão do agente é paga "em conta gráfica";
- valor em moeda nacional: resultado da operação "valor em moeda estrangeira" x "taxa de câmbio";
- o código da moeda estrangeira: cada moeda estrangeira tem um código específico, a mudança deste código implica na mudança da moeda estrangeira;
- a taxa de câmbio: valor negociado entre comprador e vendedor para a conversão de cada unidade da moeda estrangeira em moeda nacional.

Se as partes contratantes, comprador/instituição financeira e vendedor/exportador, estiverem de comum acordo, **podem ser alterados** nos contratos de câmbio os seguintes itens:

- o prazo para a liquidação do contrato de câmbio;
- as cláusulas e declarações obrigatórias para contratos celebrados até 30.09.2011;
- a forma da entrega da moeda estrangeira (espécie, cheque, cheques de viagem, teletransmissão, etc.);
- a natureza da operação (exportação geral, exportação financiada, exportação simplificada, exportação em consignação, etc.);
- pagador no exterior (importador), para os contratos celebrados até 30.09.2011;
- percentual de adiantamentos celebrados a partir de 03.10.2011;
- código de Registro Declaratório Eletrônico para os contratos celebrados a partir de 03.10.2011

Em março de 2012, o regulamento iniciava com a seguinte redação, ao mencionar as disposições gerais sobre as operações de exportação:

REGULAMENTO DO MERCADO DE CÂMBIO E CAPITAIS INTERNACIONAIS

TÍTULO: 1 – Mercado de Câmbio
CAPÍTULO: 11 – Exportação
SEÇÃO: 1 – Disposições Gerais

1. Este capítulo dispõe sobre as operações no mercado de câmbio relativas às exportações brasileiras de mercadorias e de serviços.
2. O exportador de mercadorias ou de serviços pode manter, no exterior, a integralidade dos recursos relativos ao recebimento de suas exportações.
3. O ingresso, no País, dos valores de exportação pode se dar em moeda nacional ou estrangeira, independentemente da moeda constante da documentação que ampara a exportação, prévia ou posteriormente ao embarque da mercadoria ou à prestação dos serviços, e os contratos de câmbio podem ser celebrados para liquidação pronta ou futura, observada a regulamentação em vigor.

4. Os contratos de câmbio de exportação são liquidados mediante a entrega da moeda estrangeira ou do documento que a represente ao banco com o qual tenham sido celebrados."

Certamente, instruções mais específicas sobre cada item acima apresentado são fornecidas pelo regulamento, mas comento aqui alguns pontos sobre o item 3, referentes aos prazos para a contratação de câmbio de exportação permitidos pelo Banco Central. Em julho de 2012, o RMCCI apresentava a seguinte redação:

"O contrato de câmbio de exportação pode ser celebrado para liquidação pronta ou futura, prévia ou posteriormente ao embarque da mercadoria ou da prestação do serviço, observado o prazo máximo de 750 dias entre a contratação e a liquidação, bem como o seguinte:
a) no caso de contratação prévia, o prazo máximo entre a contratação de câmbio e o embarque da mercadoria ou da prestação do serviço é de 360 dias;
b) o prazo máximo para liquidação do contrato de câmbio é o último dia útil do 12º mês subseqüente ao do embarque da mercadoria ou da prestação do serviço."

Nos casos de contratação prévia ao embarque da mercadoria, o exportador recebe o valor referente à operação de exportação na forma de um adiantamento denominado **ACC – Adiantamento sobre Contrato de Câmbio**. As vantagens para o exportador em antecipar o recebimento do valor referente a uma venda no mercado externo são muitas, embora seja necessário que ele tenha esse crédito aprovado pelo banco que adiantará o valor a ele. O ACC – Adiantamento sobre Contrato de Câmbio tem as seguintes características:

Beneficiários: empresas exportadoras de mercadorias ou prestadoras de serviços em território estrangeiro.

Concessão: fase pré-embarque da mercadoria ou da prestação de serviços.

Valor: total ou parcial do valor da venda ou da prestação de serviços.

Taxa de juros: o custo financeiro de ACC é geralmente mais barato que os outros créditos disponíveis no mercado brasileiro, pois os recursos são captados no exterior e a taxa de juros é baseada na *libor* + o *spread* do banco + variação cambial.

Risco: O não embarque das mercadorias ou a não prestação dos serviços no exterior.

Liquidação do ACC: se dará no momento da entrega dos documentos representativos da exportação, isto é, do conhecimento de embarque, da fatura comercial, do certificado de origem, do romaneio, saque e demais documentos exigidos no processo.

O exportador ainda tem a possibilidade de contratar o câmbio de suas exportações após o embarque da mercadoria, mas antes que o seu cliente no exterior tenha feito o pagamento de sua dívida. Nesse caso, esse adiantamento por conta do pagamento que ainda não foi honrado pelo importador é denominado **ACE – Adiantamento sobre Cambiais Entregues** e tem as seguintes características:

Beneficiários: empresas exportadoras de mercadorias ou prestadoras de serviços no exterior;

Concessão: pós-embarque da mercadoria ou da prestação de serviços prestados no exterior devidamente comprovado com a entrega dos documentos referentes à operação;

Valor: total ou parcial do valor da venda ou da prestação de serviços;

Taxa de juros: o custo financeiro do ACE é geralmente mais baixo que as taxas de outros créditos, pois os recursos são captados no exterior e a taxa de juros é baseada na *libor* + o *spread* do banco + variação cambial, além de também ser mais baixa do que as taxas praticadas nas concessões de ACC, pois o risco do não embarque da mercadoria ou da não prestação de serviços já não mais existe e as instituições que concedem o crédito têm os dados sobre os importadores e as exportações negociadas para procederem às devidas cobranças conforme as condições de negociação.

Risco: O não pagamento pelo importador da mercadoria ou contratante dos serviços no exterior.

Liquidação do ACE: se dará quando o importador da mercadoria ou o contratante dos serviços no exterior fizerem o pagamento, quitando a sua dívida com o exportador.

Os exportadores brasileiros ainda têm a possibilidade de financiar suas vendas ou prestações de serviços no exterior por meio de programas de incentivos à exportação e linhas de crédito disponíveis no mercado interno ou externo. O **Banco Nacional de Desenvolvimento Econômico e Social (BNDES)** disponibiliza a favor das empresas brasileiras diversos programas e fundos que apóiam as suas exportações e a inserção internacional. Entre eles estão:

BNDES Exim – financiamentos de bens e serviços brasileiros destinados à exportação e à comercialização no exterior;

BNDES Finem – financiamentos para projetos de implantação, expansão e modernização de empreendimentos com valores superiores a R$ 10 milhões a fim de apoiar a internacionalização de empresas e a aquisição de bens de capital no exterior;

BNDES Automático – financiamentos para empresas de grande porte para projetos de implantação, expansão e modernização de empreendimentos com valores de até R$ 10 milhões a fim de apoiar a internacionalização de empresas e a aquisição de bens de capital no exterior, podendo este valor máximo chegar em até R$ 20 milhões, conforme o perfil da empresa;

BNDES Proaeronáutica – financiamento para a produção de bens e prestação de serviços por micro, pequena e média empresas que integram a cadeia produtiva da indústria aeronáutica brasileira, nas fases pré--embarque e pós-embarque das mercadorias para o exterior;

BNDES Profarma – financiamento para a exportação de bens e serviços nacionais na área da saúde, nas fases pré-embarque e pós-embarque da mercadoria.

BNDES PSI – financiamentos na fase pré-embarque para a produção de bens de capital destinados à exportação.

No BNDES também estão disponíveis às empresas exportadoras de bens e serviços diversos **programas** que atendem segmentos específicos da atividade econômica, como o Programas BNDES Proplástico, BNDES Prosoft e BNDES Revitaliza (para atender empresas brasileiras que sofreram negativamente pela conjuntura econômica internacional e apoiando a inserção de bens e serviços brasileiros no mercado internacional). Os detalhes destas linhas de crédito e programas de incentivo à empresa exportadora brasileira de bens e serviços estão divulgados no site do BNDES – www.bndes.gov.br.

Durante o seminário "Investindo na África: oportunidades, desafios e instrumentos para a cooperação econômica", promovido pelo BNDES em maio de 2012, o seu presidente Luciano Coutinho reafirmou o seu compromisso com o continente africano, destacando as oportunidades de investimentos em logística, energia, telecomunicações, alimentos e varejo que os países africanos oferecem. A Petrobras Biocombustíveis é uma das empresas brasileiras que já atuam no mercado africano, sendo que, segundo divulgado em notícia veiculada pela Agência Estado, *"está em fase final de estudos para a produção de etanol em* **Moçambique**, *a partir do melaço oriundo da produção de açúcar"* com expectativa de que, ainda no primeiro semestre de 2012, seriam definidos itens como a estrutura de distribuição e preços. Os investimentos da Petrobras em Moçambique estão estimados em US$ 20 milhões para a produção de 20 metros cúbicos de etanol por ano naquele país.

Afora os adiantamentos (ACC e ACE) e os recursos disponibilizados pelo BNDES para apoiar e incentivar as empresas brasileiras para atuar no mercado externo, os bancos comerciais e agências de promoção às exportações também oferecem linhas de crédito com recursos de seu próprio orçamento ou captados no exterior, bem como oferecem linhas de crédito disponibilizadas por banqueiros no exterior para a importação de bens e serviços oferecidos por empresas sediadas no Brasil. Para se ter conhecimento dessas linhas de crédito deve-se consultar os bancos e analisar o que cada um deles tem a oferecer aos exportadores, optando assim pelo programa ou linha de crédito que melhor atenda às necessidades das empresas.

Esses adiantamentos e financiamentos estão sujeitos às análises das propostas apresentadas pelas empresas exportadoras, e são feitos pelos bancos que têm recursos disponíveis para adiantar os valores a serem recebidos dos importadores ou financiar as exportações de acordo com a linha de crédito mais adequada para atender às necessidades de seus clientes.

Uma vez aprovada a concessão do crédito nos mercados nacionais, os exportadores deverão apresentar garantias de que os termos e condições dos contratos de adiantamento e/ou financiamentos serão cumpridos pelas empresas proponentes. Essas garantias podem ser formalizadas de diversas formas, entre elas: nota promissória com o aval dos dirigentes da empresa que tem poderes para assinar este documento, fiança bancária, seguro de crédito à exportação, a hipoteca de um imóvel, alienação fiduciária ou caução de duplicatas. Pode-se também combinar diversas garantias para uma só operação de crédito.

No mercado internacional, as garantias são geralmente oferecidas por bancos comerciais ou seguradoras. Entre as mais usadas estão a ***Bid Bond***, a ***Performance Bond*** e a ***Refundment Bond***. As suas principais características são:

Bid Bond: é exigida quando uma empresa exportadora participa de uma licitação ou concorrência pública no exterior, garantindo ao licitante o pagamento pelo banco concessor da garantia de um valor especificado na *bid bond*, como forma de ressarcimento pelo tempo despendido e dos custos decorrentes da recusa da empresa vencedora em assinar o contrato para o fornecimento do bem ou prestação de serviços. Esta garantia também é denominada "Garantia de Concorrência".

Performance Bond: a sua apresentação é exigida quando a empresa que participou da licitação ou concorrência pública no exterior foi vencedora, garantindo que esta empresa tem condições de executar todos os termos e condições dos contratos de compra e venda de bens ou de prestação de serviços no exterior. No caso do não cumprimento das cláusulas contratuais pela empresa exportadora, o banco que concedeu esta garantia deverá pagar à empresa importadora um valor correspondente a um percentual do valor contratado. Esta garantia também é denominada "Garantia de Execução".

Refundment Bond: esta garantia é solicitada quando o importador aceitou antecipar parte do valor a ser pago ao exportador antes da mercadoria ser entregue ou da prestação do serviço contratado. O banco que a concede assegura ao importador que os recursos antecipados serão devidamente empregados na fabricação do bem ou na execução do serviço contrato. Caso seja identificado qualquer desvio na utilização dos recursos adiantados, a garantia deverá ser cobrada. Esta garantia também é denominada de *"Advanced Payment Bond"*.

Nota: devido às mudanças constantes nas normas e regulamentos brasileiros para as operações de câmbio e de comércio internacional, os profissionais que atuam nesse segmento devem se manter informados sobre o que está em vigor no momento da efetivação de suas operações no mercado internacional, evitando assim o não cumprimento dessas normas e as penalidades impostas por lei para os casos de infração.

7.
Gestão sustentável nas exportações

Finalizo este livro com o tema que mais vem ganhando importância nos últimos anos e tem sido pauta de reuniões para discussões entre empresários, instituições governamentais e não governamentais, associações de classe, sindicatos e tantas outras e que abordam desde estratégias empresariais, de acesso aos mercados, de inovação e desenvolvimento de novos produtos e, principalmente, quanto às exigências de certificações específicas que confirmam a preocupação e cuidado dos gestores de empresas com a preservação ambiental e social nos países em que atuam.

Devo alertar que as oportunidades de negócios que os países africanos de língua portuguesa oferecem e a intensificação dos negócios entre eles e o Brasil não terão valor se não considerarmos como base das negociações a preocupação com que todo o processo produtivo para fornecimento de bens e serviços obedeça às normas e critérios de sustentabilidade e preservação ambiental.

Para aqueles que iniciam um curso de administração de empresas, são oferecidas disciplinas que abordam as teorias sobre o desenvolvimento das gestões empresariais, começando pelas Perspectivas Clássicas abordadas na Teoria da Administração Científica de Taylor, na Teoria do Processo Administrativo de Fayol, a Teoria Burocrática, com base nos trabalhos de Max Weber, passando pelas Teorias Humanistas, que abordam as Relações Humanas, Comportamentais e Estruturalistas e nas Teorias Modernas que abordam a Teoria dos Sistemas, das Contingências, do Desenvolvimento

Organizacional e a Teoria da Administração por Objetivos chegando, por fim, nas teorias que apresentam uma perspectiva contemporânea sobre a administração de empresas, onde, conjuntamente com diversas abordagens, as teorias da Qualidade e a Excelência Organizacional e dos Projetos e Processos Organizacionais e as Teorias Ambientais são apresentadas.

Com um olhar sobre o ambiente global atual, onde o cenário do cotidiano apresenta mudanças nas relações entre capital e trabalho na sociedade, os gestores são levados a mudar também os seus processos produtivos. Adotando atitudes e comportamentos que inovam suas empresas e coadunam com a nova realidade, incluem o compromisso com o desenvolvimento sustentável, a fim de que tanto o momento presente como o futuro sejam melhores para todos.

Uma gestão sustentável deve estar comprometida com o combate ao desperdício, que é um dos maiores problemas da economia global.

A questão ambiental não se limita exclusivamente ao desperdício de alimentos ou de materiais sólidos e líquidos, tampouco a solução está somente na separação do material reciclável do não reciclável. Não basta ter este tipo de atitude para que o gestor de uma empresa faça com que o seu empreendimento e seus produtos e serviços sejam aceitos e percebidos no mercado internacional como uma instituição preocupada com as questões ambientais. As atitudes dos gestores de uma empresa devem estar de acordo com os valores, missão e visão da empresa e, quando esses aspectos são definidos, as preocupações com a sustentabilidade ambiental devem estar presentes em todos os procedimentos e rotinas adotados para o desempenho da empresa.

A preocupação e comprometimento da empresa deve se manifestar desde a extração da matéria-prima a ser utilizada para a produção, o manejo e a reutilização de materiais, o emprego da mão de obra qualificada e justamente remunerada até em relação aos resíduos gerados pela empresa e ao destino que dever ser dado a eles, como o retorno aos fabricantes das embalagens e dos materiais não mais próprios para o uso gerados por eles, que é denominado de "logística reversa".

Entre as normas e leis promulgadas pelo governo brasileiro, a Lei 12.305/10, de 2 de agosto de 2010, instituiu a "Política Nacional de Resíduos Sólidos", que determina como o governo, as empresas e os cidadãos brasileiros devem destinar o lixo gerado por eles, sendo que um dos principais princípios é justamente sobre a "logística reversa", apontando as responsabilidades das empresas no descarte dos resíduos gerados pelos produtos fabricados por elas.

Embora nem todos os empresários se preocupem com a questão da sustentabilidade ambiental, o que é um enorme equívoco, no Brasil encontramos inúmeras empresas e setores da economia que conseguiram desenvolver práticas e produtos ecologicamente corretos, como nos casos de empresas dos setores calçadista, de moda e de material escolar.

Para que uma empresa ou o seu produto sejam considerados "sustentáveis", é preciso adotar práticas de produção e gestão de acordo com os princípios e processos determinados pelas instituições certificadoras. Essas instituições, após a implantação e o acompanhamento do desempenho das empresas, emitem certificados e selos que atestam que a empresa respeita e adota os critérios para a produção sem agredir o meio ambiente e também não exploram a mão de obra das comunidades diretamente envolvidas com a extração e o manuseio das matérias-primas e produção dos bens que serão comercializados pelas empresas.

Entre as instituições que certificam as empresas quanto aos modos de produção e gestão sustentável, pode-se citar a Organização Internacional de Normalização, mais conhecida como "ISO", que certifica as empresas pelo sistema de certificação ISO 14000 após constatar que são adotados meios de gestão ambiental responsável, cujas atividades produtivas não causam danos ao meio ambiente.

A FSC – *Forest Stewardship Council* é outra instituição que certifica empresas por meio de um selo que garante ao consumidor que ele está adquirindo um produto cuja plantação da madeira utilizada como matéria--prima é originária de florestas renováveis, que foi bem manejada, de maneira correta e socialmente justa e, conforme o caso, com a utilização em grande parte de papéis reciclados.

No Brasil, o Instituto Nacional de Metrologia, Qualidade e Tecnologia (INMETRO) estimula e fiscaliza as empresas nacionais para que aperfeiçoem sua produção com melhoria na qualidade de seus produtos e serviços, contribuindo assim para a inovação e competitividade no mercado interno e externo, bem como analisa se os produtos importados que chegam ao país estão de acordo com as normas técnicas aceitas para a comercialização e consumo internos.

A importância da obtenção dessas certificações e selos pelas empresas exportadoras, além obviamente da causa que defendem, é que apresenta ao seu cliente em outro país a certeza que o produto que está sendo adquirido possui qualidade e que os meios para a fabricação são reconhecidos e aceitos internacionalmente. Dessa maneira, a empresa e seus produtos tornam-se mais competitivos, uma vez que os consumidores estão cada vez mais exigentes quanto à qualidade, origem e processos de fabricação daquilo que adquirem e a maneira de buscar estas informações é por meio das certificações e selos apresentados pelos fabricantes.

8. Referências

APEXBRASIL. **Angola – Estudo de Oportunidades 2010.** Brasília, 2010.

BANCO CENTRAL DO BRASIL. **RMCCI – Regulamento do Mercado de Câmbio e Capitais Internacionais** – Disponível no site do Banco Central do Brasil – Câmbio e Capitais Internacionais.

BANCO DE CABO VERDE. **Operações cambiais e operações sobre o ouro: Informação aos viajantes.** Banco de Cabo Verde, 2012.

BANCO DE MOÇAMBIQUE – **Metical Registra Ligeira Depreciação face ao Dólar Americano.** Disponível em http://www.bancomoc.mz/Noticias.aspx?id=470. Acesso em 24 de abril de 2012.

CORREIA, Josina. **O novo regime cambial de Moçambique,** agosto de 2011. Disponível em http://bit.ly/IMB73d .Acesso em 28 de abril de 2012.

INSTITUTO NACIONAL DE ESTATÍSTICA-CABO VERDE. **Estatísticas de Comércio Exterior 2012 – 1º Trimestre.** Disponível em http://bit.ly/IH2GaV.

INSTITUTO NACIONAL DE ESTATÍSTICA E CENSO – GUINÉ-BISSAU. **Dados Estruturais – Comércio Exterior.** Disponível em http://bit.ly/ImMZsA.

LOPES, José Manoel Cortiñas; GAMA, Marilza. **Comércio Exterior Competitivo.** São Paulo: Aduaneiras, 2008.

LUNARDI, Ângelo Luiz. **Condições Internacionais de Compra e Venda – Incoterms® 2010.** São Paulo: Aduaneiras, 2011.

MENDES, Zilda. **Primeiros passos para exportar**, de 12 de setembro de 2011. Disponível em http://bit.ly/nK199X. Acesso em 08 de outubro de 2011.

MENDES, Zilda; FERREIRA, Gleriani Torres Carbone. **Negócios Internacionais e suas aplicações no Brasil**. São Paulo: Almedina, 2011.

Regulamento Aduaneiro. 5ª Edição. São Paulo: LexMagister, 2011.

RUDGE, Luis Fernando. **Dicionário de termos financeiros.** Banco Santander Brasil S.A., 2003.

SECRETARIA DE COMÉRCIO EXTERIOR-MDIC. **Portaria nº 23**, de 14 de julho de 2011, do Ministério do Desenvolvimento, Indústria e Comércio Exterior – Secretaria de Comércio Exterior, alterada pela Portaria SECEX nº 37, de 14/10/2011.

SEVILHA CONTABILIDADE. **Tabelas de códigos do CST** – Disponível em http://www.sevilha.com.br/cst/cst.pdf. Acesso em 18 de março de 2012.

SOUSA, José Meireles de. **Gestão Financeira do Comércio Exterior.** São Paulo: Saraiva, 2010.

9.
Documentos e notícias divulgadas pela mídia

Acordo sobre Concessão de Visto Temporário para o Tratamento Médico a Cidadãos da CPLP. Disponível em http://bit.ly/J8bj0i. Acesso em 24 out.2011.

Acordo sobre supressão de vistos em passaportes diplomáticos, especiais e de serviço, entre os Governos dos Países-Membros da Comunidade dos Países de Língua Portuguesa, assinado em Maputo, em 17 de Julho de 2000. Disponível em: http://bit.ly/IRu2kp. Acesso em 24 out.2011.

Ajuste Complementar ao Acordo Básico de Cooperação Técnica e Científica para Implementação do Projeto "Transferência de Conhecimento e Capacitação Técnica para Segurança Alimentar e Desenvolvimento do Agronegócio na Guiné-Bissau". Disponível em http://bit.ly/J9v6w8. Acesso em 24 out.2011.

Ajuste Complementar ao Acordo Básico de Cooperação Técnica para Implementação do Projeto "Apoio ao Desenvolvimento da Produção de Artesanato em São Tomé e Príncipe". Disponível em http://bit.ly/JPixYl. Acesso em 24 out.2011.

Ajuste Complementar ao Acordo de Cooperação Cultural entre o Brasil e Moçambique nas Áreas Audiovisual e Cinematográfica. Disponível em http://bit.ly/ITHp0i. Acesso em 24 out.2011.

Ajuste Complementar ao Acordo de Cooperação Econômica, Científica e Técnica entre o Governo da República Federativa do Brasil e o Governo da República Popular de Angola para Implementação do Projeto "Apoio à Formação Profissional Rural e Promoção Social em Angola". Disponível em: http://bit.ly/KAchR5. Acesso em: 24 out.2011.

G-20 deve olhar para Banco Africano, defende BNDES. Disponível em http://bit.ly/J4KDM6. Acesso em 04.maio.2012.

Data and Statistics – The World Bank. Disponível em http://bit.ly/Iri4LQ. Acesso em 01 maio.2012

Económica e Financeira e Memorando Técnico de Entendimento, de 8 de novembro de 2010. Disponível em: http://bit.ly/IF2iMF. Acesso em 10 abril. 2012.

Guiné-Bissau – Visão Global. Disponível em http://bit.ly/IPttpX. Acesso em 07.maio.2012.

Importações moçambicanas na SADC aumentam 5% em 2011. Disponível em http://bit.ly/J9urus. Acesso em 01 maio.2012.

Política Nacional de Resíduos Sólidos – Lei 12305/10 | Lei nº 12.305, de 2 de agosto de 2010. Disponível em http://bit.ly/Jj6t1y . Acesso em 02 maio.2012.

Memorando de Entendimento entre o Governo da República Federativa do Brasil e o Governo da República de Cabo Verde para o incentivo à formação científica de estudantes cabo-verdianos. Disponível em: http://bit.ly/Jj6t1y. Acesso em 24 out.2011.

Memorando de Entendimento entre o Governo da República Federativa do Brasil e o Governo da República de Moçambique para o Desenvolvimento do Turismo. Disponível em http://bit.ly/ITGOvu. Acesso em 24 out.2011.

Memorando de entendimento entre o Governo da República Federativa do Brasil e o Governo da República Democrática de São Tomé e Príncipe sobre Cooperação em Assuntos Aquícolas e de Pesca. Disponível em http://dai-mre.serpro.gov.br/atos-internacionais/bilaterais/2009/b_6273. Acesso em 24 out.2011

Memorando de Entendimento para Incentivo à Formação Científica de Estudantes Angolanos. Disponível em http://bit.ly/IylSZt. Acesso em 24 out.2011.

Ministro moçambicano apresenta projetos no MDIC. Disponível em http://bit.ly/tMjNp8. Acesso em 26. outubro.2011.

Protocolo de Intenções entre o Governo da República Federativa do Brasil e o Governo da República de Angola sobre cooperação técnica na área de Administração Pública. Disponível em http://bit.ly/JYJw52. Acesso 04.maio.2012.

Protocolo de Intenções entre o Governo da República Federativa do Brasil e o Governo da República de Cabo Verde no Domínio da Proteção e Promoção dos Direitos Humanos e da Inclusão Social. Disponível em http://bit.ly/JbuYuj. Acesso em 24 out.2011.

Relações comerciais entre África e Brasil aumentam. Disponível em http://bit.ly/tMjNp8. Acesso em 26. outubro.2011.

Saiba mais sobre o pacote de austeridade da Grécia, de 30 de junho de 2011 | 4h 41, disponível em http://bit.ly/jim6C1. Acesso em 02 de julho de 2011.

10.
Vídeos

Ilha das Flores, direção de Jorge Furtado
http://youtu.be/bVjhNaX57iA
Franca: um novo jeito de fazer sapatos
http://g1.globo.com/platb/globo-news-cidades-e-solucoes/2011/07/15/franca-um-novo-jeito-de-fazer-sapatos/
Faber Castell
http://g1.globo.com/platb/globo-news-cidades-e-solucoes/2010/08/13/licao-de-sustentabilidade/
Moda sustentável é o novo luxo do momento
http://g1.globo.com/videos/globo-news/globo-news-especial/v/moda-sustentavel-e-o-novo-luxo-do-momento/1553758/

11.
Siglas

ACC – Adiantamento sobre Contrato de Câmbio
ACE – Acordo de Complementação Econômica
ACE – Adiantamento sobre Cambiais Entregues
AEBRAN – Associação dos Empresários e Executivos Brasileiros em Angola
AFRB – Auditor Fiscal da Receita Federal do Brasil
AIF – Associação Internacional de Fomento – *International Development Association (IDA)*
ALADI – Associação Latino-Americana de Desenvolvimento e Integração
ApexBrasil – Agência de Promoção às Exportações e Investimentos
ATRFB – Analista-Tributário da Receita Federal do Brasil
AWB – *Air Waybill*
BL – *Bill of Lading*
BIRD – Banco Internacional de Reconstrução e Desenvolvimento – *International Bank for Reconstruction and Development (IBRD)*
BM – Banco de Moçambique
BNDES – Banco Nacional de Desenvolvimento Econômico e Social
BRICS – Brasil, Rússia, Índia, China e África do Sul *(South Africa)*
CCI – Câmara de Comércio Internacional – *International Chamber of Commerce (ICC)*
CCMOBRA – Câmara de Comércio Moçambique/Brasil

CCR – Convênio de Créditos Recíprocos
CE – Comprovante de Exportação.
CEDEAO – Comunidade Econômica dos Estados da África Ocidental
CEEAC – Comunidade Econômica dos Estados da África Central – *Communaute Economique Des Etats de L'Afrique*
CFI – Corporação Financeira Internacional – *International Finance Corporation (IFC)*
CGAP – Grupo Consultivo de Ajuda à População mais Pobre – *Consultative Group to Assist the Poorest*
CGIAR – Grupo Consultivo sobre Pesquisas Agrícolas Internacionais – *Consultative Group for International Agricultural Research*
CIADI – Centro Internacional de Arbitragem de Disputas sobre Investimentos – *International Centre for Settlement of Investment Disputes (ICSID)*
CITES – Convenção sobre Comércio Internacional das Espécies da Flora e Fauna Selvagens em perigo de Extinção
COFINS – Contribuição para o Financiamento da Seguridade Social
CPC – *Central Products Classification*
CPLP – Comunidade dos Países de Língua Portuguesa
CSSL – Contribuição Social Sobre o Lucro
CST – Código de Situação Tributária
D.O.U – Diário Oficial da União
DAC – Depósito Alfandegado Certificado
DANFE – Documento Auxiliar de Nota Fiscal Eletrônica
DE – Declaração de Exportação
DES – Direitos Especiais de Saques – *Special Drawing Right (SDR)*
DSE – Declaração Simplificada de Exportação
DTA – Declaração de Trânsito Aduaneiro
ECOWAS – *Economic Community of West Africa States*
EMATER – Empresa de Assistência Técnica e Extensão Rural de Minas Gerais
FAO – *Food and Agriculture Organization of United Nations*
FFADC – Fundo Fiduciário para o Alivio da Dívida depois de uma Catástrofe
FLO – *Fair Trade Labelling Organization Internacional*
FMAM – Fundo para o Meio Ambiente Mundial – *Global Environment Facility (GEF)*
FMI – Fundo Monetário Internacional – *International Monetary Fund (IMF)*

FSC – *Forest Stewardship Council*
GATT – Acordo Geral sobre Tarifas e Comércio – *General Agreement on Tariffs and Trade*
GAVI – Aliança Global para Vacinas e Imunização – *Global Alliance for Vaccines and Immunization*
GWP – Associação Mundial para a Água – *Global Water Partnership*
IBAMA – Instituto Brasileiro do Meio Ambiente e dos Recursos Naturais Renováveis
ICMS – Imposto sobre a Circulação de Mercadorias e Prestação de Serviços
IDE – Investimentos Diretos no Exterior
INMETRO – Instituto Nacional de Metrologia, Qualidade e Tecnologia
INPI – Instituto Nacional da Propriedade Industrial
IPHAN – Instituto do Patrimônio Histórico e Artístico Nacional
IPI – Imposto sobre Produtos Industrializados
IPT – Instituto de Pesquisas Tecnológicas
IR – Imposto de Renda
ISO – Organização Internacional de Normalização – *International Organization for standardization*
ISS – Imposto sobre Serviços de qualquer Natureza
MDIC – Ministério do Desenvolvimento, Indústria e Comércio Exterior
Mercosul – Mercado Comum do Sul
MIGA – Organismo Multilateral de Garantias de Investimentos – *Multilateral Investment Guarantee Agency (MIGA)*
NBS – Nomenclatura Brasileira de Serviços, Intangíveis e Outras Operações que Produzam Variações no Patrimônio
NCM – Nomenclatura Comum do Mercosul
OCDE – Organização para Cooperação e Desenvolvimento Econômico – *Organization for Economic Cooperation and Development*
OMA – Organização Mundial de Aduanas – *World Custums Organization (WCO)*
OMC – Organização Mundial do Comércio – *World Trade Organization (WTO)*
ONU – Organização das Nações Unidas
OPEP – Organização dos Países Exportadores de Petróleo – *Organization of Petroleum Export Countries (Opec)*
PIB – Produto Interno Bruto

PIS/PASEP – Programas de Integração Social e de Formação do Patrimônio do Servidor Público
PRONER – Programa Nacional de Extensão Rural
RADAR – Registro e Rastreamento da Atuação de Intervenientes Aduaneiros
RC – Registro de Crédito
RE – Registro de Exportação
RECOF – Regime de Entreposto Industrial sob Controle Aduaneiro Informatizado
REI – Registro de Exportadores e Importadores
REPEX – Regime Aduaneiro Especial de Importação de Petróleo Bruto e seus derivados.
RFB – Receita Federal do Brasil
RMCCI – Regulamento do Mercado de Câmbio e Capitais Internacionais
RV – Registro de Venda
SACU – União Aduaneira do Sul da África – *Southern Africa Customs Union*
SADC – Comunidade para o Desenvolvimento da África Austral-*South Africa Development Community*
SCA – Serviço de Crédito Ampliado
SCR – Serviço de Crédito Rápido
SCS – Serviço de Crédito *Stand-By*
SECEX – Secretaria de Comércio Exterior, do Ministério do Desenvolvimento, Indústria e Comércio Exterior (Brasil)
SECOM – Setor de Defesa Comercial da Secretaria de Comércio Exterior da SECEX
SECOM – Setor de Promoção Comercial e Investimento do Itamaraty, do Ministério das Relações Exteriores (Brasil)
SENAI – Serviço Nacional de Aprendizagem Industrial
SGP – Sistema Geral de Preferências
SGPC – Sistema Global de Preferências Comerciais entre Países em Desenvolvimento
SH – Sistema Harmonizado de Designação e de Codificação de Mercadorias
SISBACEN – Sistema de informações do Banco Central
SISCOMEX – Sistema Integrado de Comércio Exterior
SISCOSERV – Sistema Integrado do Comércio de Serviços, Intangíveis e Outras Operações que Produzam Variações no Patrimônio
SML – Sistema de Pagamento em Moeda Local

TEC – Tarifa Externa Comum
UA – União Africana – *Union Africa*
UN – *United Nations*
UNAIDS – Programa Conjunto com as Nações Unidas sobre HIV/AIDS – *Joint United Nations Programme on HIV/AIDS*
UNCTAD – *United Nations Conference on Trade and Development* – Conferência das Nações Unidas para o Comércio e Desenvolvimento

12.
Sites para consulta

Afrochamber – http://www.afrochamber.com.br
Alfândegas de Cabo Verde – http://www.alfandegas.cv/
Alfândegas de Moçambique – http://www.alfandegas.gov.mz/
ApexBrasil – http://www.ApexBrasil.com.br
Autoridade Tributária de Moçambique – http://www.at.gov.mz/
Banco Central do Brasil – http://www.bcb.gov.br
Banco Central dos Estados da África Ocidental – http://www.bceao.int/
Banco de Cabo Verde – www.bcv.cv
Banco de Moçambique – www.bancomoc.mz
Banco Central São Tomé e Príncipe – http://www.bcstp.st
Banco Mundial – http://web.worldbank.org
Banco Nacional de Angola – http://www.bna.ao/
Banco Nacional de Desenvolvimento Econômico e Social – www.bndes.gov.br
BrasilGlobalNet – http://www.brasilglobalnet.gov.br/
CPLP – http://www.cplp.org
CCMOBRA – http://www.ccmobra.org.mz/ccmobra/home/index.php
Embaixada do Brasil em Angola – http://luanda.itamaraty.gov.br/pt-br/
Embaixada do Brasil em Cabo Verde – http://praia.itamaraty.gov.br/pt-br/
Embaixada do Brasil em Guiné-Bissau – http://bissau.itamaraty.gov.br/pt-br/estatistica.xml
Embaixada do Brasil em Moçambique – http://maputo.itamaraty.gov.br/pt-br/Main.xml

Embaixada do Brasil em São Tomé e Príncipe – http://saotome.itamaraty.gov.br/pt-br/Main.xml
Fiesp – www.fiesp.org.br
Feira Internacional de Luana – FIL – http://www.fil-angola.co.ao/
Fundo Monetário Internacional – http://www.imf.org
G77 – http://www.g77.org
Governo de Angola – http://www.governo.gov.ao/
Governo do Brasil – http://brasil.gov.br/
Governo de Cabo Verde – http://www.governo.cv/
Governo de Guiné-Bissau – http://www.republica-da-guine-bissau.org/
Governo de Moçambique – http://www.portaldogoverno.gov.mz/
Governo de São Tomé e Príncipe – http://www.gov.st/
INMETRO – http://www.inmetro.gov.br
INPI – www.inpi.gov.br
Instituto Nacional de Estatística – Cabo Verde – http://www.ine.cv
Instituto Nacional de Estatística – Guiné-Bissau – http://www.stat-guinebissau.com/
Instituto Nacional de Estatística – São Tomé e Príncipe – http://www.ine.st/
Jornal O Estado de S. Paulo – http://economia.estadao.com.br/
MDIC – www.mdic.gov.br
Ministério das Finanças de Moçambique – http://www.mf.gov.mz/
Ministério das Relações Exteriores de Angola – http://www.mirex.gov.ao/
Ministério das Relações Exteriores do Brasil – www.mre.gov.br
OMA – www.wcoomd.org
OPEP – www.opec.org
Portal dos Bancos Centrais dos Países de Língua Portuguesa – http://www.bcplp.org/
Perspectivas Económicas na Africa – http://www.africaneconomicoutlook.org
Representações do Brasil no Exterior – http://www.itamaraty.gov.br/o-ministerio/o-brasil-no-exterior
UNCTAD – www.unctad.org
FSC – Forest Stewardship Council – www.fsc.org.
Sevilha Contabilidade – http://www.sevilha.com.br

NOTA BIOGRÁFICA DA AUTORA

Zilda Mendes é graduada em Ciências Sociais pela Pontifícia Universidade Católica de São Paulo (PUC-SP) e mestre em História Econômica pela Universidade de São Paulo (USP). Trabalhou no Banco do Brasil nas Carteiras de Câmbio e de Comércio Exterior e no Banco Santander no Programa Exportar. Atuou como Instrutora nas áreas de negócios internacionais no Senac, Sebrae, Fiesp e outras instituições e também como Mentora e Tutora de cursos à distância de exportação, importação e câmbio. Atualmente é consultora e professora na Universidade Presbiteriana Mackenzie e no Senac/SP, na área de Gestão Empresarial, atuando com os seguintes temas: comércio internacional, relações internacionais, economia global, história econômica e câmbio.

É autora do livro *A criação da Companhia Siderúrgica Paulista – Cosipa*, editado pela Scortecci Editora em 2006 e *Negócios Internacionais e suas aplicações no Brasil*, editado pela Editora Almedina em 2011.

Endereço Currículo Lattes/CNPQ:
http://lattes.cnpq.br/4955620627911337